荆州博物館
老河口市博物館
武漢市文物考古研究所
武漢大學簡帛研究中心
編

李天虹　主編

湖北出土楚簡五種

（貳）

藤店楚墓竹簡
拍馬山楚墓竹簡
安崗楚墓竹簡
丁家嘴楚墓竹簡

文物出版社

書名題簽　林　澐
責任編輯　蔡　敏
封面設計　程星濤
責任印製　張　麗

圖書在版編目（CIP）數據

湖北出土楚簡五種. 貳 / 荊州博物館等編 ; 李天虹主編. -- 北京 : 文物出版社, 2024.3
ISBN 978-7-5010-8344-2

Ⅰ. ①湖… Ⅱ. ①荊… ②李… Ⅲ. ①竹簡－中國－楚國(?-前223) Ⅳ. ①K877.5

中國國家版本館CIP數據核字(2024)第032103號

湖北出土楚簡五種〔貳〕

編　者　荊州博物館
老河口市博物館
武漢市文物考古研究所
武漢大學簡帛研究中心

主　編　李天虹

出版者
發行者　文物出版社
（北京市東城區東直門内北小街二號樓）
http://www.wenwu.com

印刷者　天津裕同印刷有限公司

經銷者　新華書店

二〇二四年三月第一版第一次印刷

定價：七二〇圓

787 毫米 ×1092 毫米　1/8　印張：31
ISBN 978-7-5010-8344-2

湖北出土楚簡五種（貳）

主編　李天虹

藤店楚墓竹簡

編者　荊州博物館

撰著　彭　浩

拍馬山楚墓竹簡

編者　荊州博物館

撰著　趙曉斌　王明欽　彭　浩

安崗楚墓竹簡

編者　老河口市博物館　武漢大學簡帛研究中心

撰著　劉國勝　胡雅麗　符德明

丁家嘴楚墓竹簡

編者　武漢市文物考古研究所　武漢大學簡帛研究中心

撰著　魯家亮　宋華强　李永康

國家社會科學基金重大項目（10&ZD089）最終成果

目録

丁家嘴楚墓竹簡

序　言

楚簡指戰國時期楚國墓葬出土的簡册，自二十世紀五十年代陸續出土，迄今已發現三十多批，總字數約二十萬字以上。這些簡册主要是喪葬、卜筮祭禱文書，行政、司法文書，日書和典籍。它們保存了兩千多年前古人的真迹，具有非常珍貴的文物與文獻價值。近年，隨着資料的不斷公布和討論的逐步深入，楚簡研究對古文字學、文獻學、先秦史、思想史等諸多學科的發展産生深遠影響，成爲具有國際影響的學術領域。

三十多批楚簡中，已刊布與未刊布簡各占半數左右。因爲各種原因没有系統、全面刊布的楚簡，約有十批出自位於楚國腹心地區的今湖北省，數量總計兩千餘枚。促成未刊布簡的集中整理、研究與公布，具有文物保護和學術研究雙重意義。

二〇一〇年十二月，國家社會科學基金重大項目「湖北出土未刊布楚簡（五種）集成研究」（10&ZD089）立項，二〇一四年九月續獲滾動資助。項目工作的重點是整理湖北江陵藤店一號墓（一九七三年發掘，二十四枚），老河口安崗一、二號墓（一九九二年發掘，四十九枚），江陵拍馬山〇二七號墓（一九九五年發掘，三枚），武漢江夏丁家嘴一、二號墓（二〇〇九年發掘，一百枚）和荆門嚴倉一號墓（二〇一〇年發掘，六百五十一枚，含簽牌）五地七座楚墓出土的共計八百二十七枚楚簡（含無字殘簡）。與此相關，項目還設計有五種楚簡字形辭例數據庫和綜合研究兩項子課題。

本書是「湖北出土未刊布楚簡（五種）集成研究」項目的最終成果，分壹、貳兩卷，第壹卷公布五種楚簡中分量最重的嚴倉簡，第貳卷集中公布其餘四種楚簡。每種楚簡均包含圖版、釋文與注釋。

五種楚簡中，拍馬山簡大體完好，安崗簡保存較好，其他三種大多殘斷，藤店、嚴倉簡尤甚。圖像方面，立項之前衹有藤店簡常規照片在早年的考古發掘簡報中有少量披露（荆州地區博物館《湖北江陵藤店一號墓發掘簡報》，《文物》一九七三年九期），其他四種未有任何圖像資料公布過。立項前項目組已經取得考古室内清理階段拍攝的嚴倉簡常規彩色照片和丁家嘴簡紅外照片。立項之後，項目組即全面展開圖像采集工作。二〇一一年二月二十四日至三月二日，首席專家帶領項目組主要成員，并特邀文物保護、攝影專家，赴收藏竹簡的文博合作單位進行調研和拍攝，順利取得全部五種楚簡的常規彩照和紅外照片，對有刻劃綫和墨綫的簡背也取樣作了拍攝，同時考察竹簡形制，測量、記録相關數據。這次拍攝時發現部分竹簡保存狀况不理想，隨後想辦法進一步落實圖像資料，相繼獲得拍馬山簡早期摹本，安崗簡早期常規黑白照片及摹本，補充了經荆州文物保護中心技術養護處理的部分安崗簡常規彩色照片。二〇一七年十一月，武漢大學簡帛研究中心購入紅外影像掃描儀，這是目前攝取竹簡圖像的最高技術手段。二〇一八年一月，項目組委托荆州文物保護中心紅外掃描保存在其處的嚴倉簡。二〇一八年一月三十日至二月一日，首席專家再次帶領項目組赴合作單位，利用簡帛中心的設備采集另外四種楚簡的紅外掃描影像。這次還掃描了全部簡背。攝取於不同時期的各種圖像，爲保障竹簡整理與研究的質量奠定了堅實基礎。

項目組第一次拍攝時，藤店簡和拍馬山簡均已脱水。藤店簡墨迹脱落嚴重，無論實物還是常規照片都難以觀察到清晰、完整的字迹。紅外拍攝照片的效果則比較理想，發現不少文字且多數字迹較爲清晰。拍馬山簡墨迹較淡且有較多脱失。二〇一一年下半年，拍馬山墓葬發掘主持人王明欽研究員提供了竹簡脱水之前所作的簡文摹本。這份摹本保留字迹最多，字形也比較清楚，頗具參考價值。

安崗簡實物現狀不如從前，二〇一一年至二〇一四年實施了脱水保護。二〇一二年六月，安崗楚墓發掘負責人之一楊定愛研究員提供一份竹簡黑白照片的底片，由於拍攝於墓葬發掘之後不久，這是竹簡形態和字迹保存最好的一套照片。如一號墓三、四、一一、一五號簡現存實物的末端皆有小段殘斷，項目組拍攝時這些小段殘片已有不同程度的皺縮、發暗，字迹難辨，而在黑白照片中，它們的形態與同墓其他簡基本一致，字迹也比較清晰。又如二號墓五號簡，現存實物的下端有一小段皺縮的殘片，但在黑白照片中，五號簡保存完整，衹是現存殘片的上端簡面稍有開裂。本來墨迹很淡或者很不清晰的簡文，紅外掃描成像的效果有時好於紅外拍攝。

丁家嘴簡紅外照片拍攝於考古發掘結束的當月即二〇〇九年六月，基本體現了竹簡出土時的樣貌。其時部分簡殘留有泥土、竹席殘片等雜物，給簡文的識讀造成一定干擾。項目組拍攝常規照片時，少量竹簡的墨迹出現變化。但是這次拍攝之前對竹簡作過細緻處理，基本清除了簡面雜質。紅外掃描影像中，二號墓遣册文字的清晰度整體上高於紅外拍攝照片，可是原文筆畫或有脱失；卜筮文書的整體效果則略差，但亦可局部彌補拍攝版的不足。

室内清理階段拍攝的嚴倉簡常規彩照，是竹簡出土後攝取的第一套圖像，反映了竹簡出土時的原始形狀，墨迹比較鮮明，不過照片分辨率略低。項目組拍攝的常規彩照，在字形的顯現上整體較好，但其時竹簡已出土一年，部分簡形狀發生變化，墨迹較淡。有污漬或色漬的簡，紅外掃描影像中個別字迹的效果顯著，如二五一號簡「緋」字有賴掃描影像而確釋；一八〇號簡「長」字上半部分筆畫被色漬遮掩，掃描影像中「長」字筆畫清晰且完整。

本書按需、擇優公布每種簡的常規照片和紅外圖像。此外拍馬山簡附摹本以備參考。現存無字殘簡，應該都是有字簡的留白殘片，對竹簡形制和簡册復原的研究有一定參考價值，本書亦公布這部分簡的常規照片。

五種楚簡主要屬於喪葬和卜筮祭禱文書，其中藤店、安崗簡是遣册，拍馬山簡是之前未曾見到過的一種喪葬文書，丁家嘴、嚴倉簡既有遣册、也有卜筮祭禱文書。此外嚴倉還有一枚可能屬於行政文書的殘簡、一枚保存完好的簽牌和一枚可能是簽牌的殘簡。截至二〇一七年十一月，五種楚簡的釋文與注釋陸續完成初稿，隨後轉入修訂、統稿，至二〇一八年十二月定稿并提交結項。下面主要從内容和形制出發，簡要談談五種楚簡的學術價值。

一、確定墓葬主人，爲判斷墓主身份和墓葬年代提供依據

安崗一號墓遣册首簡記「周客南公癰蹠楚之歲」，是繼曾侯乙墓「入車」簡、包山二號楚墓遣册和賵方之後的第三批完整、明確的以事紀年的戰國喪葬文書。安崗一號墓遣册記有四輛送葬車輛，表明墓主人地位不低於下大夫。拍馬山簡記載墓主爲「元君子某」，葬具是棺、槨，紫色荒帷各一，隨葬用器有戈、盾、弓、矢等，明器有鼎、壺，瑚兩套，説明「元君子某」應該是按照士的規格下葬。卜筮祭禱記録往往藴含有墓主身份和墓葬年代的信息。丁家嘴二號墓卜筮祭禱簡的事主主要是「婁君」，有一條大事紀年「秦客虢戎蹠楚之歲」，婁君大概就是墓主，他有可能在這一年去世。結合遣册和其他考古資料看，婁君的社會身份很可能是較高等級的士或下大夫。嚴倉卜筮祭禱簡的事主是楚國大司馬悼愲，悼愲亦即墓主。悼愲見於《史記》《戰國策》等古籍，是楚懷王滅越的有功之臣。還見於包山二號墓卜筮祭禱簡，記録他率領楚國軍隊出征救郙。嚴倉卜筮簡也有一條大事紀年「宋客左師辰蹠楚之歲」，或即悼愲去世之年。將簡文曆日和先秦曆表、文獻記載結合起來，推測此墓年代在公元前三〇七年至前二九九年之間。楚墓墓主身份明確且其人見於傳世文獻記載的，目前僅此一例。悼愲墓葬的發現，對楚史研究具有特殊意義，也爲楚墓研究增添了一個可信的年代標尺。

二、豐富了楚喪葬文書的種類，爲研究楚喪葬禮制和習俗增添新資料

拍馬山簡屬於喪葬文書，但是其形式、内容有别於已知的遣册和賵書。楚遣册動輒長六七十厘米，短則一二十厘米。拍馬山簡則長四十五·二厘米（此係脱水之前的長度）。簡文采取在三枚竹簡上不分行、前後連續的書寫方式。全文可以分爲三部分，依次記述死者生平和德行，喪事主理者瞏賵贈葬物并與苛、秦舉行殺祭，最後表達衆人的哀悼之情。行文多處押韵，形式内容更接近文獻記載中的誄文，有可能是迄今所見唯一一份戰國時期的誄文，表明戰國士喪禮中或許已經增設「讀誄」環節。誄謚本來關係密切，簡文未見謚號，與前人所説士「不當有謚」相合。所記臨終前舉行祓祭，喪家貧困、依賴衆人賵贈而得

以按士制下葬，都是當時禮制規範和風俗人情的體現。安崗一、二號墓毗鄰，墓葬形制接近，發掘者指出一號墓主爲男性，二號墓主爲女性，兩墓屬夫妻異穴合葬墓。一號墓遺册記有不少車馬器和兵器，二號墓遺册則以記服飾和寢居器具爲主，這在一定程度上支持了發掘者的看法。那麼，這是目前僅見的未遭盜擾且一併出土遺册的戰國時期夫妻異穴合葬墓，對探討楚貴族喪葬禮制及其家庭起居習俗具有重要價值。考古發現的楚簡通常出土於槨室内，丁家嘴二號墓卜筮祭禱簡位於槨蓋板上，比較少見。

三、豐富了楚車物、器物的資料，有助於推進名物制度研究

楚遺册所記主要是車馬物和其他物品，望山二號楚墓遺册的一號紀年簡記「車與器之典」，據此可分別稱之爲「車物」「器物」（參看劉國勝《楚遺策制度述略》，《楚文化研究論集》六集，湖北教育出版社二〇〇五年，二三六頁）。

五種楚簡新見且確定的車名有翟車，車物如軸、轂、當、疐、幹、遊環、橛、孚等也不見於其他楚墓遺册。有的名物應該如何解釋尚有待斟酌。「幹」的文例都是「狗子之幹」，與伏兔、車軎同記，應與車轂有關。考慮到「幹」有「兩旁」之義，更準確地説，「幹」大概是指轂身納輻部位之兩旁的部分，古書分别稱之爲賢、軹（「幹」指車轂，蒙黨士學先生提示。「幹」有「兩旁」之義，蒙彭浩先生提示）。遊環，文獻作「游環」。《詩·秦風·小戎》「游環脅驅，陰靷鋈續」，鄭玄箋：「游環在背上，無常處，貫驂之外轡，以禁其出。」在簡牘資料中這是第一次見到遊環之名。橛是長銜，與銜配合使用，包山二號墓出土有兩件圓棒形木橛，秦始皇陵銅車的驂馬口中各裝一圓棒形橛，可參。丁家嘴和嚴倉簡皆有與車乘有關的從「毳」得聲之字，用法相同的同類字形見於信陽一號楚墓和望山二號楚墓遺册，學界的傾向性意見是讀爲「轎」，指乘輿。如然，乘輿在戰國楚地比較流行，傳世文獻中的相關記載則出現較晚。

藤店簡分類記録隨葬品，其中一類的總括名稱是「曼器」。「曼」疑當讀爲「幔」。《説文》巾部「幔」字段注：「凡以物冢其上曰幔。」包山二號墓出土陶罐的口部皆蒙覆有絹類織物，束繫之後垂至罐腹。據藤店簡，這類以織物封口的器物或可統稱作「曼（幔）器」。信陽、望山、包山等楚墓遺册稱「庸」的外包裹物爲「韜」或「宫」，它們大概與「幔」有别。

遺册記載與出土實物可以進行對比研究。安崗一號墓未遭盜擾，出土遺物較多，爲這方面工作提供了很好的條件。如簡文記有「一吴牺妻文」「一索鍺⿰角妻敓」，又記有「一吴牺劍」「一索者劍」。「⿰角妻敓」與「妻文」記録的無疑是同一器名。這一名物不見於其他楚簡，但與「劍」所用修飾詞相同，兩者的屬性可能相當。此墓出土一大一小銅劍二枚，又出土一大一小銅削刀二枚。兩相比照，可以推測「妻文」即削刀之名。又如簡文「弋」「矰」當指矰弋，即弋射的箭。墓中出土銅鏃六十九枚，

多數殘留蘆葦杆，還有六十六件所謂「繞綫棒」，這些箭杆和「繞綫棒」疑與簡文所記弋、矰有關。此外，簡文所記「三盟童」當指墓中出土的三件彩繪木俑，「二梶（梱）」指兩件形體較大的俎，「四俎」指四件形體較小的俎，「二合盞」指兩件銅敦，等等。藤店一三號簡記有「二㭘」。《廣雅·釋器》：「㭘，劍削也。」此墓出土銅劍兩柄，各有一鞘，與簡文「二㭘」相合。丁家嘴二號墓遺册八號簡記有「一鼓，一鼙」。此墓出土一件體型較大的「虎座鳥架鼓」和一件漆木鼓，原物尚在整理復原中。結合以往相關研究，「虎座鳥架鼓」應即遺册所記「鼓」，另一件漆鼓即「鼙」，二者是配套使用的大、小鼓。戴震《樂器考》：「鼙者，小鼓，與大鼓爲節。」

楚遺册往往記有家居用席，一般包括席名、席的布帛包邊「純」和收納席的囊袋「韜」或「襡」，文辭簡約。嚴倉簡則詳細記録席本身以及「純」、「襡」或「韜」的長寬尺寸，豐富了我們對楚遺册記席方式的認識。其中多見九尺二寸席，證明《周禮》所記「九尺之筵」淵源有自，如前人所説，這大概是筵席的一種標準尺度。簡文兼記席的紋飾及其個（組）數，如「縱文十又六」、「縱文十又七」等等，未詳這樣記録紋飾有什麼特別用意。

從以往公布的楚遺册看，楚國流行的絲織品，除去錦、繒、縞、紡等現代人不陌生的品種外，還有諸如「結芒」「霝光」「番芋」等。絲織品之前或冠以國（地）名，如「秦縞」「魯帛」「宋霝光」「衛霝光」「齊繡」等。嚴倉簡記有多種楚紡織品，如「楚絣」「楚紡」「楚黄」「楚縞」，其他地域的有「宋霝光」「素衛錦」「衛赤錦」。還可見「上宋霝光」「上楚絣」，「上」或是品級高的意思。可以想見當時紡織業興盛，技術已達到相當高度，不同地域存在流通且各具特色。

四、記録名物的體例比較新穎，爲古代計量史研究提供了成體系的新資料

與其他楚墓遺册相比，嚴倉遺册記物的方式很有特點，兼記物品的長寬或大小，尤其是對各種絲織物、席子長寬尺寸的記載相當細緻，這種記物方式鮮見於其他資料，頗爲珍貴。其中度量單位有「尋」「尼（尺）」「斉（寸）」「〓」「呈」「幅」（或寫作「福」，通「幅」），分數詞有「畔（半）」「刅（間）」「肉」「分」「才（錙）」「圣（錘）」等。古書通常説法是八尺爲尋，簡文所記尺數有「十又一尺」「十尺」「九尺」「八尺」等，可知在達到或超過「尋」這一等級時，不一定用「尋」記録，「尺」的應用更爲普遍。〓，簡文四見，辭例都是「長屯一〓」或「長一〓」，其後未見記寬度，而是記物品的「大」度。單純從字形看，〓可有「主」「丂」兩種釋法。「呈」大都上與「大」搭配，如「大三呈」「大十呈」等，可能用於記録繩帶類物品的周長，不知是否用同「程」。「刅（間）」有中間義，引申義大概同「半」。二〇一三年公布的清華大學藏戰國竹簡《算表》證明「肉」用同「半」。《禮記·月令》鄭玄注：「分，猶半也。」簡文「分」即表示「半」義。「錙」「錘」

作爲重量單位，分別表示四分之一兩、三分之一兩；在簡文裡，它們都是用作數詞，分別表示四分之一、三分之一。兩個字的兩種不同用法——記重與記數，關係非常密切。

五、提供了楚文字研究的新資料，佐證相關研究

五種楚簡既有新見字形，也有有助於推進過往相關文字解讀的新資料。這裡簡單舉幾個例子。嚴倉遣册三一四號簡記「二百緄」，「緄」上一字爲新見字形，或與傳抄古文有關（此蒙宋華强先生提示，古文例出自《古文四聲韵》三・二三引《古老子》「兩」）。安崗一號墓記車簡有車物「彤笄」，是一種旗子。望山二號墓遣册記車簡一三號有舊釋「彤类」一語，從文義看也是指旗子。最近范常喜先生指出所謂「类」當改釋爲「幵」，似即曾侯乙墓一一五號簡所記「朱旃」（《望山楚簡遣册所記「彤类」新釋》，《江漢考古》二〇一八年二期）。安崗簡爲這一改釋提供了佐證。嚴倉遣册多見用爲數詞的「才」和「圣」。相同用法的兩個字在其他戰國文字資料中早已有見，不少學者作過討論，本来争議較大。近來有學者指出，「才」應讀爲「錙」，意思是四分之一；「圣」讀爲「錘」，意思是三分之一。嚴倉簡的資料證明這個看法可信（相關討論可參看李天虹《由嚴倉楚簡看戰國文字資料中「才」、「圣」兩字的釋讀》，《簡帛》九輯，上海古籍出版社二〇一四年）。錙、錘是重量單位本是常識，現在根據出土資料可以確定錙、錘還用作數詞，可在一定程度上補故訓之闕。

六、出現新的竹簡修治形式，豐富了楚竹簡形制的認知

楚簡首尾兩端往往修削成平齊形，另外有梯形、半圓形等。安崗一號墓完整的簡首、簡尾端也是平齊形，但是首、尾處約長一・五厘米的簡面被削薄，形成向簡端傾斜的坡面。削薄的簡面往往也寫有文字。這種竹簡修治形式以往從未見有報導。需要説明的是這個現象不易被發現，在正常拍攝的圖像中更加難以辨析，很大程度上要依賴對實物的細緻觀察。之前刊布的楚簡是否也有這種形制，值得做進一步工作。

五種楚簡的整理，主要采取各司其職、集體攻關的工作模式。除去日常溝通外，項目組與簡帛中心部分碩士、博士研究生分別於二〇一二年十二月二〇日、二〇一三年四月十日、二〇一四年八月三十一日至九月一日、二〇一七年七月五日、二〇一八年七月二十七日在簡帛中心召開小型研討會，由首席專家通報項目總體進展和下階段工作計劃，擬定工作條例、成果體例；子課題負責人和各種簡的具體整理者介紹工作進度，報告所取得的成果以及存在的問題；與會者共同討論，集思廣益，從而達到提升整體研究水平的目的。二〇一八年初，針對工作中的疑難問題，首席專家與項目組主要成員再赴五種楚簡的收藏保護單位作實物考察，并現場研討。二〇一八年底提交結項稿之後，項目組主要成員之間依然保持交流，對稿件陸續作有少量

修訂。總之，五種楚簡的整理各有分工（詳看下文），但展現給讀者的成果，藴含了項目組集體智慧（就嚴倉簡的整理而言，要特别感謝合作單位的項目組成員彭浩先生和胡雅麗先生），未參與具體整理工作的何有祖副教授、曹方向博士、黄傑博士等也作出了貢獻。簡帛中心研究生華楠、王谷、李美娟、劉松清、熊佳暉、胡騰允等對竹簡綴合提出了一些好的意見。

五種楚簡字形辭例數據庫，由李静館員和曹方向博士具體負責，宜昌博物館余朝婷館員曾參與部分工作。二〇一三年上半年，嚴倉簡釋文初稿完成，隨即安排尚在簡帛中心讀書的余朝婷作嚴倉簡字形圖片切割和數據記録，李静負責技術處理和網上録入。數據庫試運行時發現一些問題。二〇一四年十一月，結合前次製作的經驗，調整、細化、完善數據庫製作條例，請李静和曹方向根據新版嚴倉簡釋文再次製作數據庫。二〇一五年六月，嚴倉簡字形辭例數據庫正式建立并投入使用，基本達到預期效果。在使用過程中，項目組成員隨時記録問題，持續修訂、更新。二〇一六年六月，其他四種簡的字形辭例數據庫製作也全面展開，并於當年十一月底完成。至此，五種楚簡字形辭例數據庫完整建立。經過調試，二〇一七年三月在項目組内部開放使用。這個數據庫包含五種楚簡全部文字，分爲四個子界面，即字形檢索、半識字檢索、不識字表和辭例檢索，對字形、辭例均可快速進行窮盡性檢索，爲字形比勘、考證提供了便利。數據庫研發有後臺管理程序，實現數據可持續性的修訂和改進。檢索結果可以拷貝、另存，從而提高實際應用價值。待本書正式出版，五種楚簡數據庫擬優化後在簡帛網公布，提供給同行使用。

通過此次項目的實施，對於出土竹簡的整理，我們有一些體會，一併寫在這裡。

首先，儘早攝取高質量的常規與紅外圖像。考古清理階段拍攝的竹簡照片，即竹簡出土後攝取的首套照片，往往由於客觀條件所限未能運用較好的拍攝手段，或存在竹簡清理不够充分的問題，而後期運用更高技術手段拍攝的照片，因爲竹簡實物已經發生變化，也達不到最佳效果。希望這樣的遺憾能盡量減少或避免。在揭取新出土的竹簡時，需盡量創造條件讓竹簡整理者實質性參與其中，以提高後續簡册復原工作的效率和準確性。

其次，重視對無字簡的考察和利用。五種楚簡絶大多數殘斷，十分不利於了解竹簡形制和復原竹簡序次。以往竹簡整理報告對無字簡往往一語帶過，而我們對嚴倉遺册形制的認識，無字殘簡起到了關鍵作用。嚴倉遺册有字且帶契口的簡，皆僅保留有一個契口，據之僅能測知完整簡首到上契口、完整簡尾到下契口的距離，完整簡的長度和契口個數難以確定。比較幸運的是，無字簡四、五、一四號首尾皆殘但存留有兩個契口，且契口間距基本相同。其契口間距與完整簡首到上契口、完整簡尾到下契口的間距之和約六十九厘米。之前公布的楚遺册中完整簡最長的是包山二號墓二六五～二七七號簡，長七十二·五厘米左右。此外，信陽一號墓遺册完整簡長度大都在六十八·五厘米至六十八·九厘米之間，兩道編繩。綜合考慮可以推測嚴倉遺册完整簡長即六十九厘米左右，兩個契口。

再次，充分認識竹節對於簡序編排、殘簡定位的作用。據學者研究，同一或同批簡册，所用竹材之間很可能存在密切關係。出自同一竹筒的竹簡，其竹節位置和形態基本一致，被用來製作同一簡册的可能性也很大，因此竹節對簡册復原具有一定參考價值。就五種楚簡而言，如安崗一號墓遣册的一～五號簡，書寫風格一致，一、二號簡記車物，三、四、五號簡記器物。一、三、四號簡基本完整，書寫不留天頭、地尾，有兩個契口。二、五號簡則殘失過半，下斷口很明顯，上端看上去有破損迹象，現存一個契口，僅從殘長和文義考慮，難以明確所存是上契口還是下契口。編排圖版時，我們注意到一、三、四號簡皆有三個竹節，且依次位於同一水平綫；契口分别位於第一與第二竹節、第二與第三竹節之間。二、五號簡的契口之上皆有一個竹節，下斷口處亦是竹節。將這兩枚簡跟其他三枚完整簡排在一起比較，如果把二、五號簡的契口對齊其他三簡的上契口，所存兩個竹節的位置恰與其他三簡的第一、二竹節相對應，且簡的上端與其他三簡的完整首端基本位於同一水平綫。如果把二、五號簡的契口與其他三簡的下契口對齊，竹節位置就没有了對應關係。由此懷疑二、五號簡現存的都是上契口，進而還可以推測這兩枚簡的首端衹是稍有殘損，實際基本完好。後來發現安崗一號墓完整簡首、簡尾被削薄的現象，而二、五號簡上端的簡面正是削薄的斜面，從而坐實兩簡首端基本完好的推斷。當然，竹節的作用終歸有限，對竹節的利用，必須與簡長、契口、編痕和簡文書寫風格、内容等信息一起進行綜合考量。

最後，研究竹簡形制，需要提高對竹簡實物的考察力度。二〇一八年初進行竹簡紅外掃描時，項目組還針對整理中竹簡形制方面存在的疑問再次核查實物，從而獲得更準確、可靠的認識。比如上文提到的嚴倉遣册現存有兩個契口的三枚無字簡，在早先攝取的常規和紅外照片裡，僅有五號簡的兩個契口清晰可辨，而按照我們的推測，四、一四號應該是上契口的地方，簡面比較模糊。這次重點核查這两枚簡時，在相應位置皆看到比較明顯的契口，證明我們的推測可以成立。文物攝影專家應邀專門拍攝這两枚簡，突出契口形狀，其中一四號簡取得較好效果。發現安崗一號墓竹簡首尾處簡面呈斜坡狀的特别形制，則是這次實物考察的意外收穫。

項目的申請和實施得到文博合作單位的大力支持，彼此建立起互助互信的合作關係。項目組前後兩次實地調研五種楚簡，并獲準查閲考古發掘、清理記録和考察出土隨葬器物，對提高簡文釋讀與内涵研究的水平大有裨益。這裡對合作單位領導和相關工作人員致以深深敬意和謝意。

項目的立項和實施得到多位同行專家的鼓勵和幫助。二〇一〇年十二月六日的立項申請答辯，評審委員會專家組成員是李範文（組長）、林澐、宋鎮豪、鄭炳林、徐勘文五位先生。答辯會上，各位先生慨予期許，不吝教誨。情景歷歷在目，時時鞭策我們追求更高目標。二〇一一年三月一一日，項目組舉行開題報告會，與會特邀同行專家趙平安、李守奎、劉樂賢、徐少華等先生，充分肯定項目的研究基礎、研究構想和學術價值，并就如何更好完成各項工作提出建議。項目組沒有專門組織比較大型的學術研討會，但一直與學界同行保持密切溝通，如李學勤、林澐、吳振武等先生一直關注項目進展，并作方向性指導；文博專家黨士學、楊定愛等先生曾爲五種簡的整理答疑解惑或提供其他幫助。

五種楚簡的整理，參考、吸收了學界衆多學者的研究成果，限於本書體例，未能在正文一一説明，而在末尾附以主要參考文獻。這裡著重指出，劉國勝教授《楚喪葬簡牘集釋》（科學出版社二〇一一年），田河博士《出土戰國遣册所記名物分類匯釋》（吉林大學博士學位論文二〇〇七年，指導教師：吳振武教授）、羅小華博士《戰國簡册所見車馬及其相關問題研究》（武漢大學博士學位論文二〇一一年，指導教師：陳偉教授。此論文修改後以《戰國簡册中的車馬器物及制度研究》爲題於二〇一七年由武漢大學出版社出版）等論著，爲項目工作提供了莫大便利。還要説明，陳偉教授主持的二〇〇三年度教育部哲學社會科學研究重大課題攻關項目「楚簡綜合整理與研究」，於二〇〇八年四月結項，所完成的十四批已完整刊布楚簡的集釋和研究論著目録，成爲本項目申請立項的一個堅實基礎，也是實施本項目的重要參考。

這是五種楚簡首次正式、完整地集中整理與公布。這項工作的繁難及其時而帶給人的歡欣，非親身經歷而不能想象。在竹簡原始圖像的采集、選用上，項目組力求最大程度反映竹簡出土原貌和實物現狀，把最優秀的圖版呈現出來。釋文與注釋，現階段也盡到了項目組所能。受制於竹簡出土時散亂無序、殘損缺失等因素，也限於時間和能力，竹簡編聯一定存在完善空間，簡文中的一些字詞未能得到確解，已有的解讀也肯定存在疏誤。期待同行指正，我們將繼續努力，争取不斷進步。

需要特別提出，林澐先生爲本書題寫書名，這對筆者是莫大的激勵。

立項之前獲得的嚴倉簡常規彩照，由余樂拍攝，李玲技術處理；丁家嘴簡紅外照片，由魯家亮拍攝。二〇一一年初項目組獲取的常規彩照，由郝勤建拍攝，方北松技術處理；紅外照片，由魯家亮、曹方向完成。二〇一八年初的紅外掃描，嚴倉簡由史少華完成，其他批次簡由魯家亮負責，蔡丹和熊佳暉分階段參加。安崗簡早期常規黑白照片，由余樂拍攝、楊定愛提供底片，郝勤建技術處理。經過文保養護處理的安崗簡常規彩照由郝勤建拍攝。安崗簡背刻劃綫常規彩照，由金陵拍攝。拍馬山簡文字摹本，由王明欽摹寫。嚴倉簡背墨綫常規彩照，由郝勤建拍攝；簡背刻劃綫常規彩照，由余樂拍攝；無字簡四、一四號突出契口形狀的常規彩照，由史少華拍攝。二〇一一年初項目組調研時對五種楚簡形制的考察和記録，主要由蔡丹完成。

整理階段和書稿所用竹簡圖版的製作，藤店簡、拍馬山簡和嚴倉簡由蔡丹完成，安崗簡由雷海龍、蔡丹完成，丁家嘴簡由魯家亮完成。簡帛中心研究生協助核對注釋中的引文和部分參考文獻，熊佳暉、胡騰允用力最多。

參加五種楚簡整理的單位和個人：嚴倉簡由湖北省文物考古研究院和武漢大學簡帛研究中心合作進行，并得到荆門市博物館的協助，釋文與注釋的作者是李天虹、蔡丹、宋有志。藤店簡、拍馬山簡由荆州博物館進行，藤店簡釋文與注釋的作者是彭浩，拍馬山簡釋文與注釋的作者是趙曉斌、王明欽、彭浩。安崗簡由老河口市博物館和武漢大學簡帛研究中心合作進行，釋文與注釋的作者是劉國勝、胡雅麗、符德明。丁家嘴簡由武漢市文物考古研究所和武漢大學簡帛研究中心合作進行，釋文與注釋的作者是魯家亮、宋華强、李永康。全書統稿、定稿是李天虹，定稿時與各位作者密切溝通，充分尊重了作者的意見。

李天虹

二〇一八年十二月初稿

二〇一九年二月定稿

凡例

一 每種竹簡包括前言、圖版、釋文與注釋。

二 圖版有原大、放大和縮小三種。縮小圖版單枚竹簡不裁斷，首尾皆殘的簡盡量結合其本身特徵和簡册形制給出上下定位：凡有契口的簡，不清楚屬於上或中、下契口時，按上契口排列；凡無契口但是根據長度可以確定位於上、下契口之间的簡，比上契口低一·五厘米編排。不能上下定位的有字簡，比頂格縮進一·五厘米編排。不能上下定位的嚴倉遺册無字簡，每頁分欄排列。

三 每種簡擇優公布常規和紅外圖像，拍馬山簡另附摹本。常規方面偏重選用竹簡出土後第一時間拍攝的照片，紅外則優先選擇字迹清晰度較佳者。

四 内容相接的簡文，釋文連寫；不連接和不能確定連接的簡文，釋文空一行書寫。簡文中間的留白無論長短，釋文一律空出兩個漢字的位置表示。

五 簡文中原有的符號，釋文一般不保留。合文和重文號一般直接析書。具體情況在注釋中説明。

六 釋文不嚴格按簡文字形釋寫。假借字、異體字隨文注出通行字，寫在（ ）號内。確定的錯字隨文注出正字，寫在〈 〉號内。奪字釋文照録，而在注釋中説明。根據殘畫和文義可以確認的字酌情括注【 】號。筆畫不清晰或墨迹已殘失的不識字，用□號表示，一字對應一個□，字數無法確定時用……號表示。字形清晰的不識字盡量隸定，難以隸定的以簡文原形圖片表示。能確釋的偏旁也予以隸定，不識部分用□號表示，如「糹□」。竹簡折斷而文義未足時，用☑號表示。

七 注釋引用各批出土文獻，首次引用時用全稱，如「包山二號楚墓竹簡」、「清華大學藏戰國竹簡」等，之後的引用，一般用簡稱，如「包山簡」、「清華藏簡」等。引用時一般不注明具體出處，可查看文末所附參考文獻中的相關墓葬發掘報告或簡牘整理報告。天星觀楚簡尚未正式公布，相關内容皆引自滕壬生《楚系簡帛文字編》、《楚系簡帛文字編（增訂本）》（簡稱《楚訂》）或晏昌貴《巫鬼與淫祀——楚簡所見方術宗教考》附録一，隨文出注。

八 注釋引用各批出土文獻，對其原始整理者直接稱「整理者」，後續整理者一般以私名或書名代之。後來研究者改動釋文或注解而被本書直接采用（通常是獲得學界公認或大體達成共識的觀點）時，通常不注明出處，亦請查看文末參考文獻。

藤店楚墓竹簡

前言

藤店一號墓位於湖北省荆州市荆州區川店鎮藤店村（原湖北省荆州地區江陵縣藤店公社）境内的一處崗地上，屬於馬山、川店古墓群。東南距楚故都紀南城約九千米。一九七三年三月由荆州博物館（原荆州地區博物館）配合農田水利建設發掘。該墓係土坑木槨墓。墓坑呈覆斗形，殘存墓口東西長十一米，南北寬九·六米。墓口以下有五層土階，單墓道，正東向。槨室分爲棺室、頭箱和邊箱。葬具是一槨兩棺，内棺外呈弧形，底板懸置。墓中出土隨葬品三百餘件，按器類分作竹簡、兵器、禮器、車馬器、仿銅陶禮器和漆木器等。

竹簡位於槨室邊箱内。兵器主要有劍（越王州勾銅劍即其中之一）、戈、戟、矛、皮甲等。銅禮器主要有鼎、方蓋豆、壺各兩件，另有盤、匜各一件。仿銅陶禮器有鑊鼎一件，另有鼎、簠、敦、壺各一對及水器小口鼎、盤、匜各一件。漆木器有鹿角鎮墓獸、鹿鼓、耳杯等。車馬器有車傘、馬銜（含鑣）。骨架用竹席包裹，置於棺底板上。仰身直肢雙手在盆骨處交叉，頭骨被倒塌的棺板壓碎。據墓中的遺物及墓葬形制的特點，可判斷藤店一號墓是楚墓，年代爲戰國中期。

竹簡保存較差，皆殘斷，現存二十四枚，其中看不出字迹的簡有五枚。現已脱水。殘片最長十六·八厘米、最短一·三厘米，寬〇·六厘米至〇·七厘米，厚〇·一厘米。一、一五、一八號簡各保留有一個契口。九號簡「𡕒」字之下右側疑似有契口。一號簡契口距簡頭九·八厘米。紅外影像中可見八十字左右（含有明確筆畫的殘字），句讀符號三處。就文字内容看屬遣册。現存分組名兩個，原簡可能按器類分作若干組。因竹簡殘缺，現在的排序僅供參考。

竹簡原大圖版采用常規彩照和紅外拍攝兩套圖像，放大圖版采用紅外拍攝圖像。

竹簡現藏於荆州博物館。

藤店楚墓竹簡原大圖版

五　四　三　二　一

六　七　八　九　一〇

一一 一二 一三 一四 一五

一六　一七　一八　一九

二〇 二一 二二 二三 二四

藤店楚墓竹簡放大圖版

（圖像放大約兩倍）

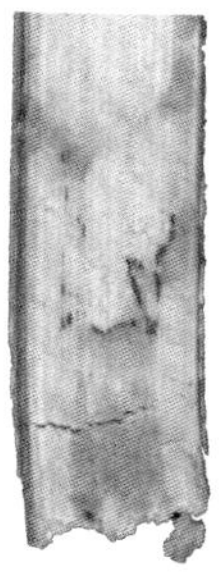

一

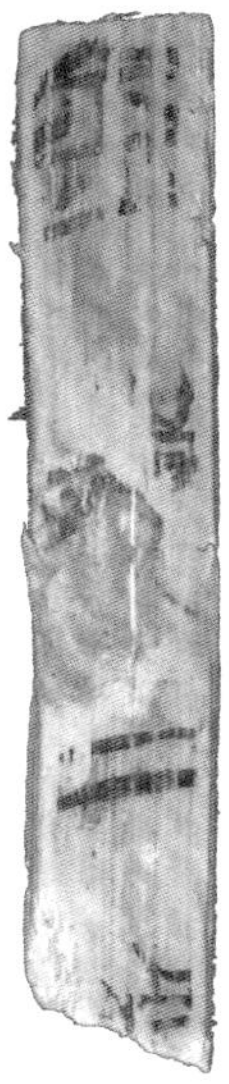

二

三

四

五

六

七

八

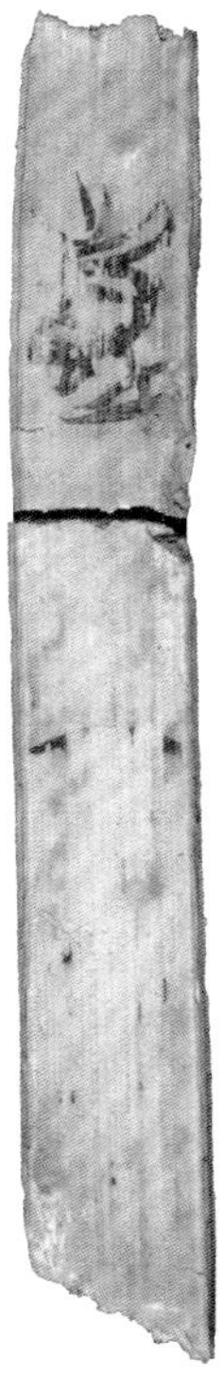

九

一〇

一一

一二

一三

一四

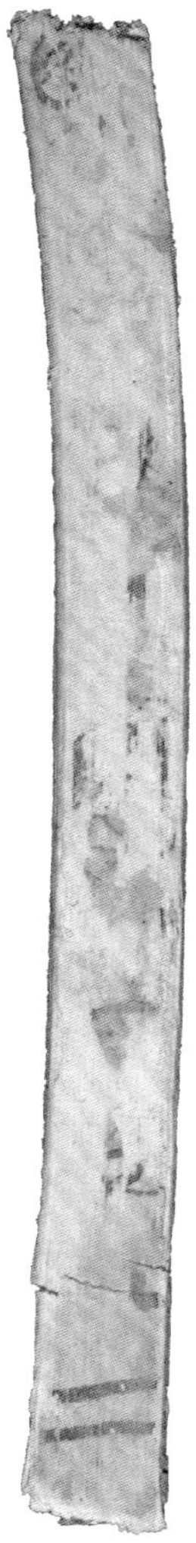

一五

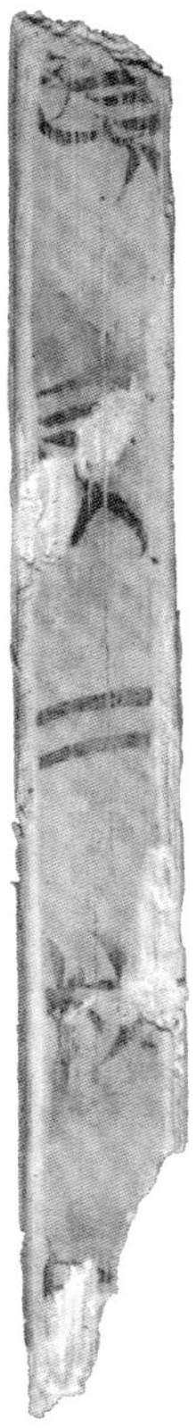

一六

一七

一八

一九

釋文與注釋

曼器〔一〕：□二𰮘□□□□□□一畬（合）□☒一

【注　釋】

〔一〕曼器，器類名。楚墓遣册有按器物用途分類登記的作法，每類器名前有一總括名稱。如信陽二號墓遣册的分類名稱有「樂人之器」、「□室之器」、「集緒之器」；包山二號墓遣册有「□室之金器」、「☒之金器」、「飤（食）室之飤（食）」、「相遷（徙）之器所以行」等。分類名稱或按器物質地、用途、在槨室中的位置取得。「曼」疑讀作「幔」。《説文》巾部：「幔，幕也。」一般指帷幕、帳幕等。在少數大型墓葬中，槨室内壁掛有帷幕，如長沙馬王堆一號漢墓槨室的「北邊箱四壁張掛著絲織的帷幔」（《長沙馬王堆一號漢墓》三五頁）。車、轎上的圍幕等也稱「縸」。望山二號墓遣册一五號簡有「一𩍐：紃縸；紡屋，㓢圭；柱，昜馬，禹純；虎☒」，其中的「縸」指轎輿的内飾。本墓雖出有車馬器，但不能確定車輿、車傘上有覆蓋物。另，《説文》巾部：「幎，幔也。」《周禮・天官・幎人》注：「以巾覆物之名。」有覆蓋在器皿口部的巾，稱作「幎」（「冪」）。如包山二號墓出土的十二個陶罐上就用「幎」封口。所用的幎，有紗巾、絹巾、蘘葉等，頸部和器表用草繩纏繞。（《包山楚墓（上册）》一九六頁）。藤店一號墓出土的兩件陶罐頸部殘留數層細繩，與包山二號墓的陶罐相似，可能在口部加幎封閉。如此，用於封口的幎或可歸入「曼（幔）器」類。

金器〔一〕：二□☒二

【注　釋】

〔一〕金器，銅器，是隨葬品分類的名稱。

☒二金比（匕）〔一〕☒三

【注　釋】

〔一〕金比，見於包山二五三、二五四號簡，整理者讀作「金匕」。望山二号墓四七號簡記「四金匕」。「金匕」即銅匕，取食器。匕下部作鏟狀，與勺有别（參《望山楚簡》一二五頁考釋九八）。藤店一號墓發掘簡報報道有四件銅勺，圖二八的裝木柄的兩件，下部作鏟形，應是銅匕。圖二四的兩件下部作斗形，應是銅勺。

☒□金之鉤〔一〕，一（？）☒四

【注　釋】

〔一〕簡文「鉤」疑指帶鉤。「□金」是指帶鉤的質地或外飾。鼎鉤多無紋飾，故「鉤」前無修飾詞，如信陽二—〇二七號簡記「二鼎，一鉤」。據藤店一號墓發掘簡報，墓中有兩件銅帶鉤，簡文記載似與之相關。

一鼎（領）吳虡（甲）之□紀〔一〕☒五

【注 釋】

〔一〕鼎，原文寫法與包山二六五、二七〇號簡及竹牘「鼎」類同，這裡用作甲的量詞「領」。《韓非子・初見秦》：「代三十六縣，上黨十七縣，不用一領甲，不苦一士民，此皆秦有也。」吳虡（甲），吳地出產之甲。曾侯乙墓六一、一二三號簡記有「一真（領）吳甲」、「二真（領）吳甲」。

☒二軥，二笴〔一〕，綠紀之□纓（綴）〔二〕☒六

【注 釋】

〔一〕笴，文獻多訓爲箭杆。《儀禮・鄉射禮》：「阼階下之東南，堂前三笴，西面北上坐。」鄭玄注：「笴，矢幹也。」賈公彦疏：「案《矢人》注：『矢幹長三尺。』是去堂九尺也。」簡文「笴」附有「纓（綴）」，不同於箭杆，疑讀作「罕」，指罕旗。望山二號墓一三號簡有「二需光之中干。一秦高（縞）之中干」，包山竹牘有「䍚（旄）中干」。望山簡整理者云：「『中干』當與旌、旆等同類。古有名『罕』之旗。《史記・周本紀》：『百夫荷罕旗以先驅。』漢代或稱『雲罕』。《文選》卷三《東京賦》『雲罕九斿，闟戟轇輵』，薛綜注：『雲罕，旌旗之別名也。九斿，亦旗名也。』……疑簡文『中干』之『干』當讀爲『罕旗』之『罕』。」（《望山楚簡》一三一頁）

〔二〕「綠」後一字不識，似指某種帶狀織物。「綴」指旗幟上的飾帶。《文選・揚雄〈羽獵賦〉》「泰華爲旒，熊耳爲綴」，張晏曰：「旒幡，綴旌也。」李善曰：「綴，亦旒也。」

☒□組之□☒七

☒駟□〔一〕☒八

【注 釋】

〔一〕或疑第一字可隸定爲「馱」。

☒䰢（文）□〔一〕☒九

【注 釋】

〔一〕䰢，楚簡多見，可以確定的用法是讀爲「文」。

☒□韐（軩）〔一〕，鄬組之綏〔二〕。二緌（纓）〔三〕，紫緄〔四〕☒一〇

【注 釋】

〔一〕韐，古代士服外加的一種飾物，也稱「韍」。《説文》市部：「帢，士無市有帢，制如榼，缺四角，爵弁服，其色韎，賤不得與裳同。司農曰：『裳纁色』。从市合聲。韐，帢或从韋。」《儀禮·士冠禮》：「爵弁服：纁裳、純衣、緇帶、韎韐。」鄭玄注：「韎韐，緼韍也，士緼韍而幽衡，合韋爲之，士染以茅蒐，因以名焉。」

〔二〕組，用絲綫交叉編織的帶狀編織物，出土的實物皆屬此類結構（參看《江陵馬山一號楚墓》五六頁）。《戰國策·宋衛策》「犀首伐黄」章「束組三百緄」，高誘注：「組，斜文紛綬之屬。」組多用作繫帶，如《説文》糸部：「組，綬屬，其小者以爲冕纓。」《禮記·少儀》「甲不組縢」，鄭玄注：「組縢，以組飾之及紟帶也。」綏，《禮記·曲禮上》「執策綏」，孔穎達疏：「綏是上車之繩。」繫物之帶也稱「綏」，如包山二七〇號簡「一銑（鐃），綏（纓）組之綏」，整理者認爲「綏」用作繫銅鉦（《包山楚簡》六六頁考釋六三八）。簡文「綏」或指用於「韐」的繫帶。

〔三〕曾侯乙墓五七號簡有「六琝」，整理者讀「琝」爲《周禮·秋官·大行人》「樊纓」之「纓」（《曾侯乙墓（上）》五一七~五一八頁考釋一二七），指馬飾。本簡「二綏（纓）」或與曾侯乙墓竹簡「六琝（纓）」同指馬的飾物「樊纓」。「二」之前原有句讀符號。

〔四〕絸，《説文》「繭」字古文，亦見於包山二六八號簡「絸組之繻」，這裡用法待考。

☐二畣（合）□，一☐一二

☐□二畣（合）☐一三

☐□□，二檜（𣐈）〔一〕☐一三

【注 釋】

〔一〕𣐈，《説文》木部：「劍柙也。」《廣雅·釋器》：「𣐈，劍削也。」王念孫疏證：「凡刀劍室通謂之削，字或作鞘……《玉篇》引《莊子·刻意篇》：『有干越之劍者，𣐈而藏之。』今本作柙。」墓中有銅劍兩柄，各有一鞘，與簡文「二𣐈」相符。「二」之前原有句讀符號。

☐杯〔一〕一四

【注 釋】

〔一〕杯，指耳杯。信陽二—〇二〇號簡記有「其木器：杯豆三十、杯三十」，其中的「杯」指右側室的三十件漆耳杯（《信陽楚墓》三五頁）。本墓出土漆耳杯七件。

☐□□□□，二〔一〕☐一五

【注釋】

〔一〕「二」之前原有句讀符號。

☐飠□□〔一〕，二□□☐一六

【注釋】

〔一〕或疑第一字可釋爲「饋」。第二字與「貝」形接近。

☐□□☐一七

☐□☐一八

☐□阝□☐一九

拍馬山楚墓竹簡

前言

拍馬山〇二七號墓位於楚紀南故城南郊一處名爲「拍馬山」的西南—東北向丘陵的北麓，屬於荆州區（原江陵縣）文物保護單位拍馬山古墓群，行政隸屬於荆州市（原荆沙市）荆州區紀南鎮紅光村，因修建鄉村道路而發現。一九九五年五月十一日至十六日由荆州博物館發掘，出土三枚竹簡。

此墓爲長方形土坑豎穴式，無臺階和墓道，墓向爲東西向。發掘前該處地表被取土挖低約一・五米，估計原墓口比殘存处高一米左右。殘存墓口東西長約四・九米、南北寬約四米，墓口至槨蓋板殘深約五・三米。葬具爲木質一棺一槨。槨爲「Ⅱ」形，蓋板七塊，槨内不分室。出土時槨内有少量水。棺爲懸底弧形，已塌散。墓主人骨骼無存。

隨葬品置於棺、槨之間。頭端有仿銅陶禮器鼎、簠、壺各二件，罍、鐎壺、小口鼎各一件。木豆二件、木梳一件、木篦一件、木雕鎮墓獸一件（鹿角無存）、墨繪木棋局一件和十三顆卵石棋子（白七黑六）。左側有木弓、木劍盒、銅劍（帶漆木鞘）、銅戈（帶木柲）各一件。右側有三枚竹簡。

根據對墓葬形制、隨葬品類型以及竹簡文字特點的綜合判斷，拍馬山〇二七號墓爲戰國中期楚墓，墓主是依照「士」制下葬。竹簡出土於棺、槨之間的右側空隙中，推測可能原置於棺蓋上，因棺塌散而掉落。

竹簡出土時保存較好。完整竹簡脱水後長四十四・四厘米（脱水之前長四十五・二厘米），寬〇・六厘米，厚〇・一厘米。編痕不清，未見明顯契口。簡文均正面墨書，約存一百二十字（含有明確筆畫的殘字），重文二處、合文一處。句讀符號十三處。簡文是一份喪葬文書。前半記載「元君子某」生前「孝思父母」、「兼畜子孫」，「行歲一一，而執疾不已」，因「家室無有」而難以「大葬」。後半記載賵贈者和物品，可知墓主依靠賵贈得以按士制下葬。這份文書的形式和内容皆有别於已發現的賵書和遺册，是以往所未見的，爲進一步了解戰國時期楚地的喪葬制度增添了新的資料。

竹簡原大圖版采用常規彩照和紅外掃描兩套圖像，另附以摹本。放大圖版采用紅外掃描圖像。縮小圖版采用常規彩照。竹簡現藏於荆州博物館。

拍馬山楚墓竹簡原大圖版

二

一

三

附：竹簡摹本

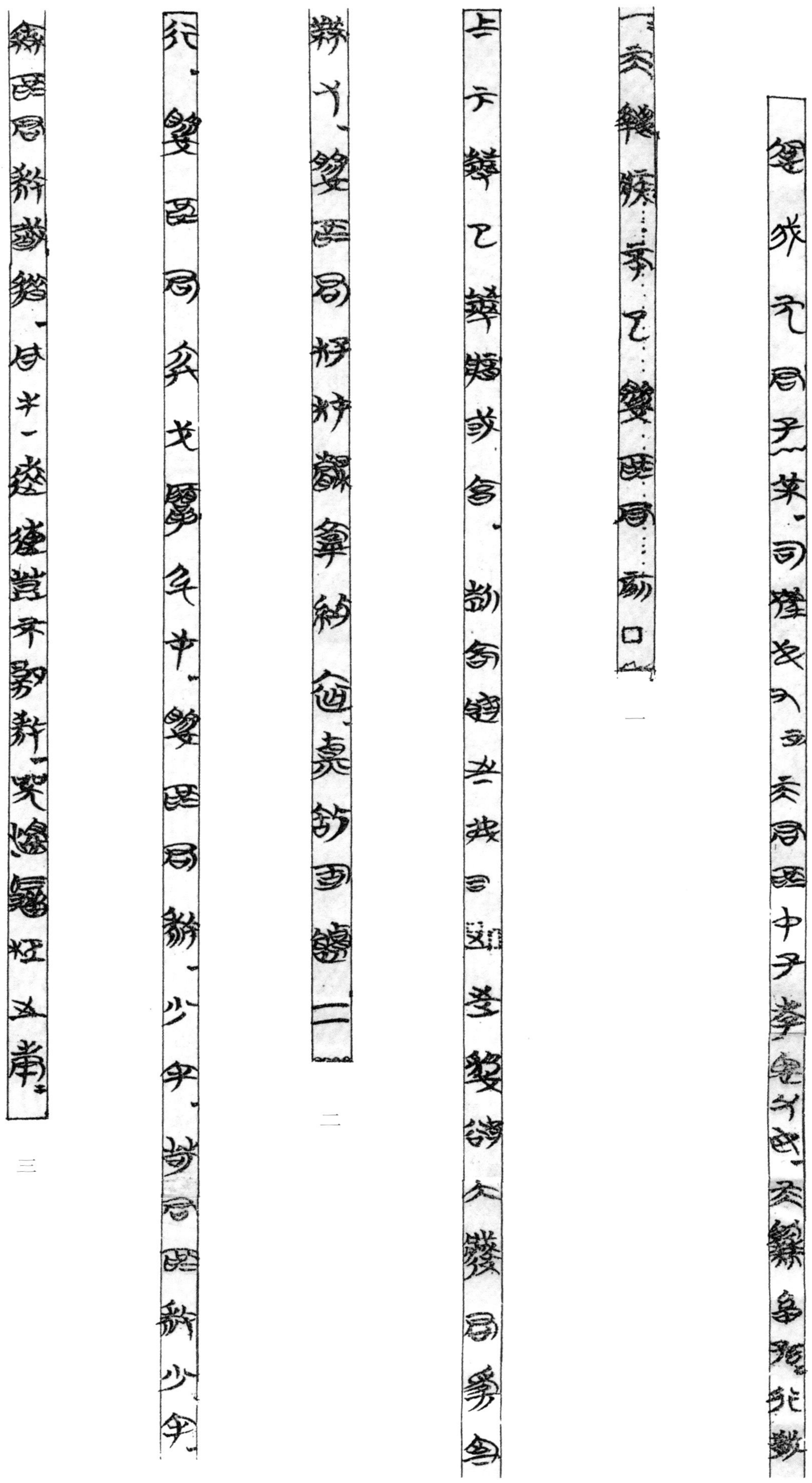

一

二

三

拍馬山楚墓竹簡放大圖版

（圖像放大約兩倍）

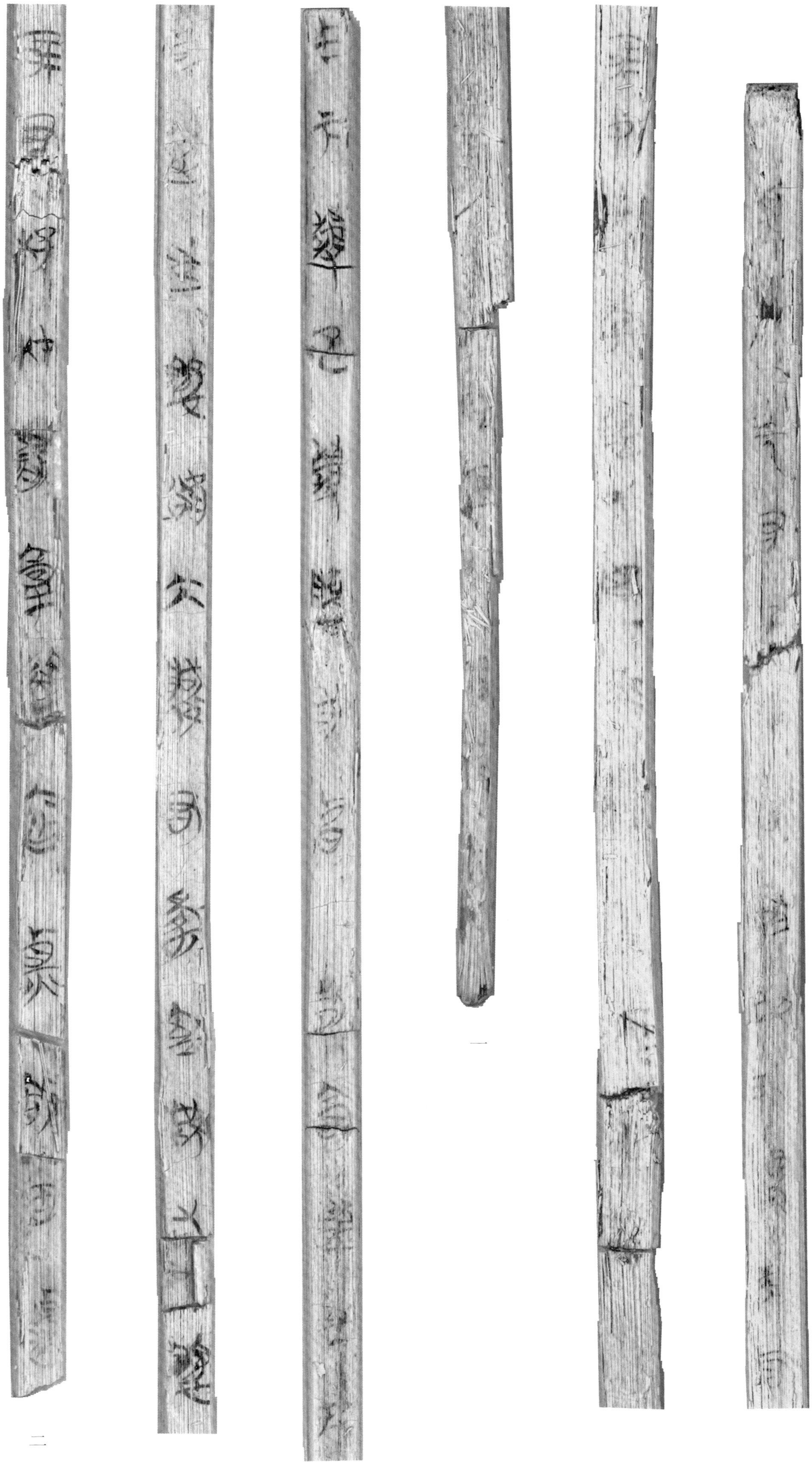

二

一

三

拍馬山楚墓竹簡縮小圖版

（圖像縮小約二分之一）

一　二　三

釋文與注釋

☑恖（悼）我元君子某〔一〕，司䏤（兄）弟又（有）☐〔二〕，而君爲中子〔三〕。孝思父母〔四〕，而蘽（兼）畜子孫〔五〕。行戢（歲）一一〔六〕，而執疾不已〔七〕。嬰爲君所☐〔八〕☑一

【注　釋】

〔一〕恖，據摹本釋，紅外照片僅可辨下部的「心」。望山一號楚墓竹簡有「恖王」、「恖固」，「恖」皆用爲「悼」。「悼」在本簡有哀悼、悼念之意。「恖」字與竹簡上端有較大空白，超出兩字間距，不能確定其上有字。我，據摹本釋。元君，《國語・晉語七》「既弑厲公，欒武子使智武子、彘恭子如周迎悼公」章：「抑人之有元君，將稟命焉。」韋昭注：「元，善也。」簡文「元君」是對死者的尊稱。子，紅外照片僅可辨上部，據摹本釋。古代男子或女子的通稱，由簡文所列兵器陪葬品看，簡文的「子」指男子。某，據摹本釋。指代死者名諱。《尚書・金縢》：「史乃册祝曰：惟爾元孫某，遘厲虐疾。」僞孔傳：「某，名。臣諱君，故曰某。」

〔二〕司，據摹本釋。疑讀爲「待」，對待。《論語・微子》：「若季氏則吾不能，以季孟之閒待之。」邢昺疏：「待，遇也。謂以禄位接遇孔子也。」《管子・五輔》：「待以忠愛，而民可使親。」䏤，見於包山二號楚墓六三、八四號簡等，讀作「兄」。

〔三〕而，本簡三見，與「天」字形混。竹簡文字中常見「天」、「而」兩字相混之例，如上海博物館藏戰國竹書《周易》二二號簡「不冡而飤」之「而」作「天」。中子，排行居中的兒子。《史記・孝景本紀》：「孝景皇帝者，孝文之中子也。」

〔四〕孝思，孝心之所思。《詩・大雅・下武》：「永言孝思，孝思維則。」此句言「元君某」對父母之孝道。

〔五〕蘽，據摹本釋。《説文》秝部：「兼，并也。」段玉裁注：「并，相從也。」畜，據摹本釋，養。《漢書・陳湯傳》「示棄捐不畜」，顔師古注：「謂愛養也。」子孫，據摹本釋，紅外照片僅見合文號。

〔六〕行歲一一，據摹本釋。逐年，年復一年。「一一」原作重文，有重文號。

〔七〕執，據摹本釋，患。《文選・枚乘〈七發八首〉》「久執不廢」，張銑注：「執，猶患也。」疾，《説文》疒部：「疾，病也。」段玉裁注：「析言之則病爲疾加，渾言之則疾亦病也。」不已，據摹本釋，不止。「行歲一一，執疾不已」，指連年患病不止。

〔八〕嬰，據摹本釋，二號簡原文比較清晰，人名。在簡文中充任喪主。爲君所，據摹本釋。

上下豐（祓）〔一〕，已豐（祓），牆（將）或畣（合）〔二〕。斳（折）命既至〔三〕，弗可☐𡴀（止）〔四〕。嬰欲大𣨻（葬）〔五〕，君冡（家）室無又（有）。嬰爲君杍（梓）材、⿱敄缶（鍪）、亭（椰）、紫衰（荒）〔六〕，鼎、瓠（壺）、𠥓（瑚）饋二☑二

【注　釋】

〔一〕《説文》示部：「祓，除惡祭也。」《玉篇》示部：「祓，除災求福也。」上下，分指天神、地祇。《論語・述而》：「子疾病，子路請禱。子曰：『有諸？』子路對曰：『有之。誄曰：禱爾于上下神祇。』子曰：『丘之禱久矣。』」葛陵一號楚墓甲二:40號簡有「【上】下内外䰠（鬼）神」之語。

〔二〕牆，《説文》「醬」字古文。合，《説文》亼部：「合口也。」「將或合」指元君將亡。

〔三〕折，死。《禮記・祭法》：「萬物死皆曰折。」《漢書・五行志》：「兄喪弟曰短，父喪子曰折。」「折命既至」指已經死亡。

〔四〕　䖏，疑讀作「止」。

〔五〕　包山二六七號簡「葬」字原文寫作從「宀」從「甃」。大葬，《論語・子罕》「且予縱不得大葬」，何晏注引孔（安國）曰：「君臣禮葬。」簡文大葬指依禮制辦理「君」的喪事。

〔六〕　《尚書・梓材》「若作梓材」，陸德明引馬（融）云：「梓，古作『杍』字。治木器曰梓，治土器曰陶，治金器曰冶。」孫星衍云：「『梓，古作杍字』者，《説文》以杍爲李字之古文，馬以爲梓字，蓋本《大傳》古字，以子爲聲。」簡文「梓材」指用作棺之木材。荆州（江陵）地區小型楚墓中的棺多用梓木制成，如江陵九店六三二、六三三號墓的棺皆是梓木，前者槨室用櫟木，後者槨室梓木、櫟木混用（《江陵九店東周墓》附録五，五二八～五三〇頁）。劄，右旁不清楚，疑讀作「壑」。《孟子・滕文公上》：「蓋上世嘗有不葬其親者，其親死，則舉而委之於壑。」趙岐注：「壑，路傍坑壑也。」《説文》奴部：「叡，溝也。……壑，叡或从土。」段玉裁注：「謂穿土。」雲夢睡虎地七七號漢墓《葬律》有「叡、斗、羨深淵上六丈」，其中的「叡」讀作「壑」，指掘土而成的墓坑（參看彭浩《讀雲夢睡虎地M77漢簡〈葬律〉》，《江漢考古》二〇〇九年四期，一三〇～一三二頁）。亭（椁），加於棺周的葬具。紫衰（荒），紫色的荒。荒是蒙覆在棺上的裝飾物，質地是絲或布，因死者生前地位不同而有別。《禮記・喪大記》「飾棺：君龍帷、三池、振容、黼荒，火三列，黼三列，素錦褚，加僞荒……」，鄭玄注：「荒，蒙也，在旁曰帷，在上曰荒，皆所以衣柳也。『士布帷，布荒』者，白布也。君、大夫加文章焉。黼荒，緣邊爲黼文，畫荒，緣邊爲雲氣。火黻爲列於其中耳。僞，當爲帷，或作于，聲之誤也。」簡文「紫荒」未明質地，紫色與鄭玄注所説「白布」并不相合。荆州（江陵）地區保存很好的小型楚墓中，偶見棺外罩有絲質荒帷，如江陵九店四一〇號墓（《江陵九店東周墓》一二九頁）和江陵馬山一號墓（《江陵馬山一號楚墓》九頁）等，也不是白布質地。

行〔一〕。𧷢爲君兵、戈、盾、弓、羊（矢）〔二〕。𧷢爲君殺少牢〔三〕，苛君爲殺少牢〔四〕，秦爲君殺戠（特）豬、同（犝）牛〔五〕。遠連（傳）莫不□、殺、哭深（泣）〔六〕，騮柜之庚＝三

【注　釋】

〔一〕　鼎、瓠、医，皆禮器名。「瓠」從「瓜」聲，當讀作「壺」，所從「缶」則指示壺的形狀與缶相似。包山二六五號簡記有「二少（小）瓠（壺）」。包山簡中的「医」，學者或釋作「瑚」（《著名中年語言學家自選集・李家浩卷》二四九頁）。《禮記・明堂位》「殷之六瑚」，鄭玄注：「皆黍稷器也」。《論語・公冶長》「瑚璉也」，何晏集解引包氏曰：「瑚璉，黍稷之器。夏曰瑚，殷曰璉，周曰簠簋。」簡文「医」指簠。饋，指鼎、簠、壺所盛之食。《周禮・天官・膳夫》「凡王之饋，食用六穀」，孫詒讓正義：「凡經典於生人飲食、鬼神祭享通謂之饋，亦并取進飼之義，本不辨尊卑。」《周禮・天官・玉府》：「凡王之獻金玉、兵器、文織、良貨賄之物，受而藏之。」鄭玄注：「古者致物於人，尊之則曰獻，通行曰饋。」二，照片未見，據摹本補釋。疑二、三號簡應該連讀。二行，也稱二列，指作兩列陳放的兩套鼎、瓠（壺）、医（瑚）。此墓出土的隨葬品中有仿銅陶禮器鼎、壺、簠各二件，是荆州（江陵）地區小型楚墓中常見的隨葬品核心組合（參看郭德維《楚系墓葬研究》一三九頁）。

〔二〕　兵，兵器。盾，據安徽大學藏楚簡《詩經》四七號釋（《安徽大學藏戰國竹簡（一）》一〇六頁注釋二四）。

〔三〕　簡文「殺」字下有句讀符號，疑是誤加。「殺」謂殺牲。《儀禮・特牲饋食禮》：「夙興，主人服如初，立於門外東方，南面，視側殺。」鄭玄注：「側殺，殺一牲也。」𧷢是爲祭奠「君」而殺牲。少牢，指祭禮所用犧牲是羊、豕。《春秋公羊傳》桓公八年「冬曰烝」，何休注：「天子元士、諸侯之卿

大夫羊豕凡二牲，曰少牢」。

〔四〕苛君爲殺少牢，是「苛爲君殺少牢」之誤。苛，人名。

〔五〕秦，人名。戠（特），一牲稱「特」。《史記・孝武本紀》：「祭日以牛，祭月以羊彘特。」司馬貞索隱：「特，一牲也。言若牛若羊若彘，止一特也。」豬，見於包山二〇〇號簡等，湯餘惠認爲，「豬」從豕、昔聲，疑「豠」之異（《包山楚簡讀後記》，《考古與文物》一九九三年二期，七五頁）。《說文》豕部：「豠，豕屬。」特豠，一豠。㸗，讀作「犝」。天星觀卜筮簡「禱白朝戠牛㸗」之「㸗」（《楚訂》九六頁）亦當讀爲「犝」。《說文》牛部「新附」：「犝，無角牛也。」《爾雅・釋畜》有「犝牛」，郭璞注：「今無角牛。」清華大學藏戰國竹書《楚居》四五號簡有「乃竊鄀人之𤘬（犝）以祭」。殺特犝牛，用一無角的牛。從以上簡文可知，在「元君某」的喪禮上先後用兩次少牢和特豠、特犝各一次。據《儀禮・士喪禮》記載，從喪禮開始的「始死奠」到最後的「大遣奠」，衹有「小斂」用「特豚」，「大遣奠」用少牢五鼎，其餘各次祭奠最多是以豕、魚、臘（兔）爲鼎實的三鼎。可見，當時楚地已經突破了以往喪禮的用鼎制度。

〔六〕連，疑讀作「傳」，傳聞，傳布。《荀子・非相》：「其所見焉，猶可欺也，而況於千世之傳也。」楊倞注：「傳，傳聞也。」遠傳，指與「元君某」無親屬關係但聽聞其喪之人。「不」下一字不識，疑其義與賻、贈相近。滐，讀作「泣」，字又見郭店《五行》一七號簡「【瞻望弗迟（及）】，滐（泣）涕女（如）雨」。

安崗楚墓竹簡

前言

安崗一號楚墓竹簡是一九九二年由襄陽市博物館、老河口市博物館聯合發掘安崗一號楚墓時出土。同年，湖北省文物考古研究所發掘安崗二號楚墓時又出土一批竹簡，即安崗二號楚墓竹簡。安崗一、二號墓位於湖北省老河口市仙人渡鎮安崗村西北崗地上，漢水從崗地西邊不遠處流經。兩墓所處的安崗墓群，現保存有俗稱「霸王冢」、「雙冢子」、「小冢子」、「大冢子」的四座封土堆，整個墓地東西長約二百、南北寬約一百五十米，二〇一三年被公布爲全國重點文物保護單位。

安崗一號楚墓因仙人渡鎮磚瓦廠製磚取土被發現，墓口及墓道在搶救發掘前已遭破壞。一號墓爲長方形土坑豎穴墓，方向一百九十七度。坑口南北殘長五·五二、東西寬四·八米，墓底南北長六·一、東西寬四·四九米，深三·四米。葬具一槨二棺，槨室蓋板上發現有蘆席的腐朽痕迹。槨室長方形，南北長四·五七、東西寬二·二七、高一·九五米，分頭箱、東邊箱、西邊箱和棺室四部分。棺具保存較好，外棺長方形，長二·四八、寬一·三五、高一·二六米。内棺爲長方形懸底弧棺，長二·一二、寬〇·八八、高〇·九一米，外表黑漆，内髹紅漆。内棺蓋板上發現有束棺麻繩。棺内人骨架仰身直肢，頭朝北，長約一·七三米，尸骨下鋪有竹席。經鑒定，墓主爲男性，年齡約三十六歲。

隨葬器物出土於頭箱、邊箱、内棺和内外棺之間，共計一千二百五十四件。銅器一百九十五件，有鼎、敦、壺、盉、盤、匜、匕、器蓋、戈、劍、鏃、削刀、刻刀、車軎、馬銜、節約、套環、方策、鐃等。木器九百三十二件，有俎、鼓、瑟、竽、繞綫棒、豆、耳杯、盒、案、罐、器蓋、扇、梳、弩、弓、韘、箙、車傘、馬鑣、櫜、檿、圓餅、管、俑等。竹器六十件，有繞綫棒、管、雙聯筒、笥、弓、杆等。革器二件，有盾、甲。玉器十二件，有佩、璜、環、珠、璧、管等。此外，還有石璧一件，料珠三件，葦編盒一件，骨質馬鑣三件，麻團一件以及竹簡。

一號墓一號簡記有「周客南公癰蹠楚之歲，夏柰之月，癸酉之日，君葬賢子」，所記時間當是墓主下葬日期。從墓葬形制、隨葬器物等情况看，該墓爲戰國中期偏晚楚墓，墓主身份相當於下大夫。

竹簡發現於東邊廂中部，出土時呈卷狀，表面黏滿淤泥，周圍有銅戈、木弓、矢箙、木盾、竹笥等。竹簡現場整體取出。經室内整理，一號墓竹簡共計四十四枚，其中有字簡二十一枚，無字簡二十三枚。無字簡皆殘斷，應是有字簡書寫剩餘的空白。經統計，全部竹簡約五百字（重文、合文算二字）。有六支簡基本完整，其餘均不同程度殘損，殘斷處不少是竹節或契口的位置。

整簡長約六十八、寬約〇・七、厚約〇・一五厘米。竹簡背面保留有竹皮。兩端頭平齊，簡的正面在接近簡首端和簡末端處均被削薄，形成約一・五厘米長的向簡端傾斜的坡面。部分竹簡的正、背面皆可見修整過的竹節。整簡的竹節有三個，以簡一爲例，其第一竹節距簡首七厘米，第一、二竹節相距二十五厘米，第二、三竹節相距二十四厘米，第三竹節距簡末十二厘米。少數竹簡的背面有刻劃斜綫，彼此不相連貫。竹簡以兩道編繩編聯，部分簡在右側修三角形契口，契口未切破簡背。少數簡的契口處尚存絲質編繩或編痕。編繩位置大體有兩類，一類上道編繩距簡首端約一〇・二厘米，下道編繩距簡末端約十六・四厘米；另一類上道編繩距簡首端約十九・四厘米，下道編繩距簡末端約十八・三厘米。儘管編繩位置不一，全部竹簡仍有可能是編成一册隨葬的。竹簡文字全部寫在篾黄面，字間距不等，書寫風格不完全一致，字體大體可分兩類，一類文字較大且顯潦草（如簡一），一類文字較纖細、工整（如簡一七）。簡文頂格書寫，分段文字不接抄，轉行另簡書寫。簡文使用短横「一」作爲不同物品記録之間的分隔標識，同時在段末使用鉤號「乚」來提示內容的分段。竹簡的編痕均未壓字，但個别簡的編痕幾乎遮住文字下部筆畫（如簡四），表明竹簡應當是先寫後編。

一號墓竹簡內容屬遣册。記録的物品主要是車乘及車馬器、食器與食物、兵器與工具、樂器、服飾和日常生活用具等，與實際出土隨葬品的器類大體相符，可能因腐朽或實際未隨葬，遣册中也有一部分器物未見實物出土。遣册所記名物有不少見於其他楚墓遣册中，如甸車、短轂、合盞、匜、虡、脩、脯、炙雞、熬魚、俎、几、瑟、竽、緄帶、革帶、獬冠、緹屨、緅襡等。遣册記録的兵器種類和數量都相對較多。此外，有的器名在遣册上出現兩次，如「曲弓」，似反映出記録在册的器物有可能來自不同的部門或個人賵贈，故彼此賵贈物品會有重複。

安崗二號楚墓是襄陽市博物館、老河口市博物館爲發掘安崗一號楚墓而在其周邊進行勘探時發現，位於一號墓東側七米處。二號墓保存情况較一號墓好，墓室基本未遭破壞。二號墓爲長方形土坑豎穴墓，方向一百九十七度。墓底大小同墓口，南北長四・六、東西寬二・六〜二・八米，深四・三五米。斜坡墓道位於墓坑南面。葬具一槨二棺，槨室蓋板上鋪有蘆席。槨室長方形，南北長三・八五、東西寬二・三、高一・四七米，分頭箱和棺室兩部分。葬具保存較好，外棺長方形懸底弧棺，長二・三、寬〇・九五〜一・一、最高處〇・九五米。捆綁外棺的麻繩盤成數圈平鋪在外棺蓋板上。內棺爲長方形，長一・九八、寬〇・五七、高〇・五五米。內、外棺皆外表黑漆，內髹紅漆。內棺的蓋板及墻板上發現有束棺麻繩，棺內人骨架仰身直肢，頭朝北，長約一・六三米，尸骨下鋪有竹席。經鑒定，墓主爲女性，年齡約四十六歲。

隨葬器物主要出土於頭箱和内棺，共計一百五十五件。銅器十三件，有鼎、敦、壺、盤、匜、鏡、車軎等。木器一百件，有俎、瑟、臥鹿、几、豆、方豆、方盒、梳、鹿角方座、管等。竹器十一件，有枕、笥、席等。玉器五件，有環、璧、珠等。此外，還有革盒一件，鐵帶鉤二件，陶罐二件，石璧一件，角飾十五件以及竹簡。

從墓葬形制、隨葬器物等情况看，二號墓屬於戰國中期偏晚楚墓，墓主身份相當於下大夫。安崗一、二號墓東西并列，相距僅七米，方向相同，年代接近，一號墓墓主男性，二號墓爲女性，兩者很可能屬夫妻異穴合葬墓。

竹簡發現於頭廂北部，位於M2：9號木瑟上，周圍有竹席、車軨、木枕、木几等器物。竹簡現場整體取出。經室内整理，二號墓竹簡共計五枚，皆書文字，約二百零七字（合文算二字）。簡五基本完整，簡二、三、四僅簡末有二～五厘米殘失。整簡長約七十、寬約〇·六、厚約〇·一五厘米。竹簡背面留有竹皮。兩端頭平齊，靠近簡首、末端的簡面没有類似一號墓竹簡那樣削薄。簡正、背面皆可見經修整的竹節。整簡的竹節有三個，以簡五爲例，其第一竹節距簡首十六厘米，第一、二竹節相距十九厘米，第二、三竹節相距二十一厘米，第三竹節距簡末十四厘米。竹簡以兩道編繩編聯，右側修三角形契口，契口未切破簡背，編痕不明顯。簡的上道編繩距簡首端約二十二厘米，下道編繩距簡末端約十七厘米，五枚竹簡應當是編成一册。竹簡文字寫在篾黄面，書寫風格基本一致，簡三、四、五字迹漫漶嚴重，普遍模糊不清。簡文頂格書寫，分段轉行，多使用鉤號「乚」作爲句讀。竹簡編痕未壓字，但個别簡的契口與簡文的筆畫十分接近（如簡一），反映出竹簡是先寫後編。

二號墓竹簡内容與一號墓竹簡一樣，屬遣册。記録的物品主要是食器、樂器、服飾、工具等，與一號墓遣册所記名物有一定差異。二號墓遣册是以記服飾和寢居器具爲主，食物、樂器很少，幾乎不見兵器、車馬器記録。這顯然與二號墓主的女性身份有關。二號墓出土器物中不見兵器，車馬器衹有二對車軎和一件車軨，樂器衹有一件瑟，而以食器、家具爲主的生活寢居器具較多，還出土有二件束衣帶鉤。遣册所記器類與實際隨葬物品大體相符。

一、二號墓竹簡出土時皆散亂失次。釋文的竹簡順序是按簡文内容并參考竹簡的書寫、契口、編痕及竹節位置等情况加以編排，不一定符合竹簡原來的次序。圖版中的紅外圖像是從紅外拍攝和紅外掃描圖像中擇優選出混合組成。原大圖版采用常規黑白照和紅外圖像，放大圖版由常規黑白和紅外圖像混合而成，縮小圖版采用常規彩照。二號墓三號簡缺早期拍攝的常規黑白照，僅有紅外掃描圖像。

竹簡現藏於老河口市博物館〔一〕。

〔一〕校按：需要説明的是，二〇一八年由科學出版社出版的《老河口安崗楚墓》刊發了安崗一、二號墓出土全部有字簡黑白圖版及釋文注釋。其後，范常喜、王谷、劉剛、李美娟等提出新的釋讀意見，其中如一號墓一四號簡「秋（繡）」、一六號簡「桼（漆）」的改釋等都很合理。相關論文已列入參考文獻，請讀者參看。

安嵗楚墓竹簡原大圖版

一號墓竹簡

二
一

四

三

五

六

九

八

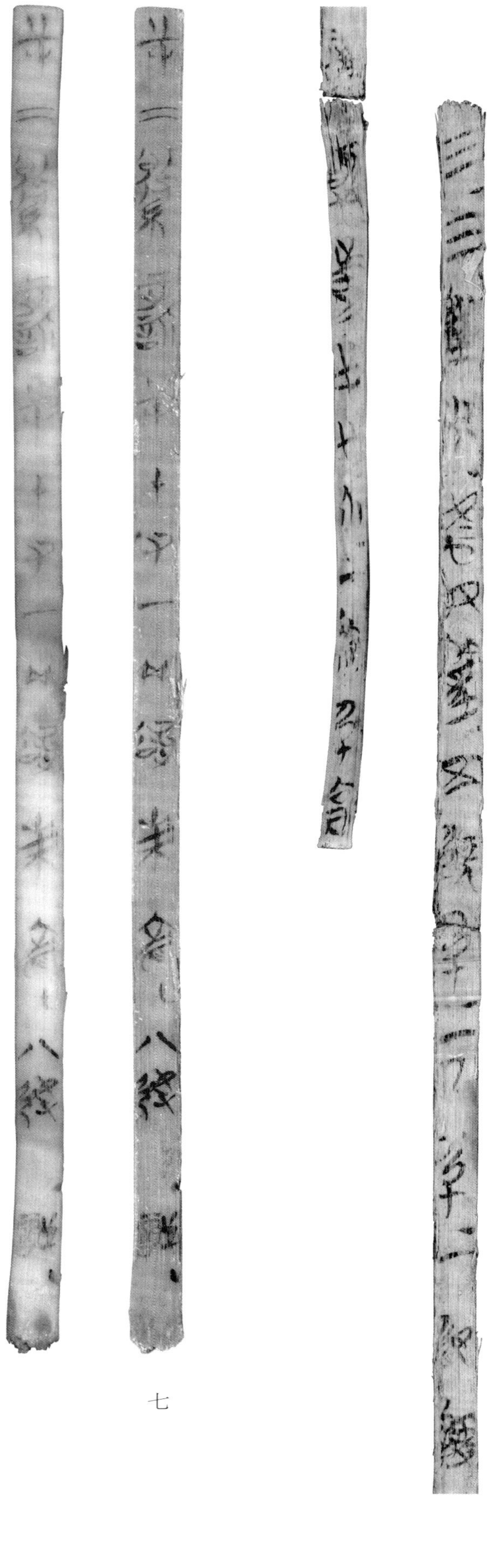

七

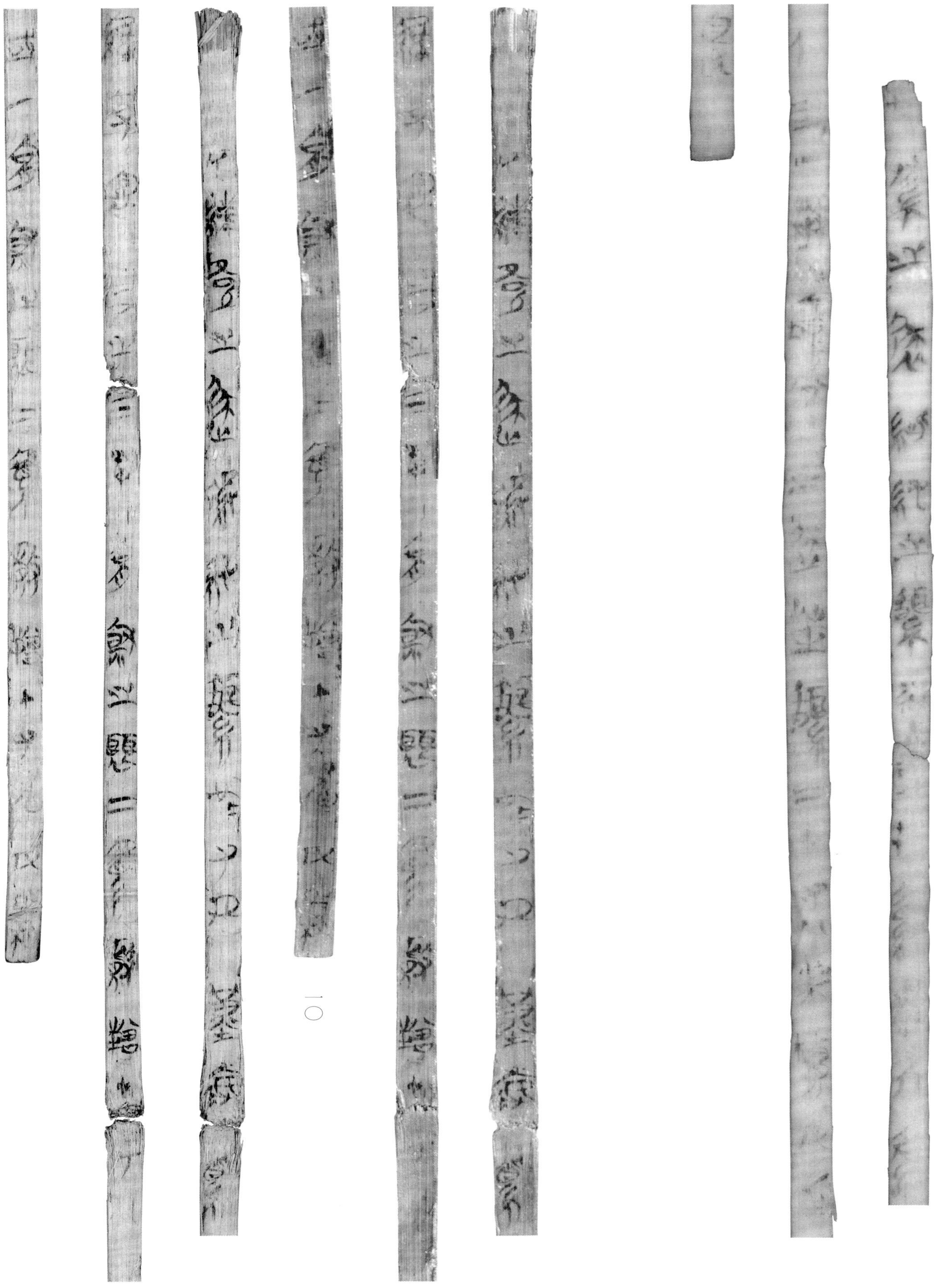

一〇

一三

一二

一一

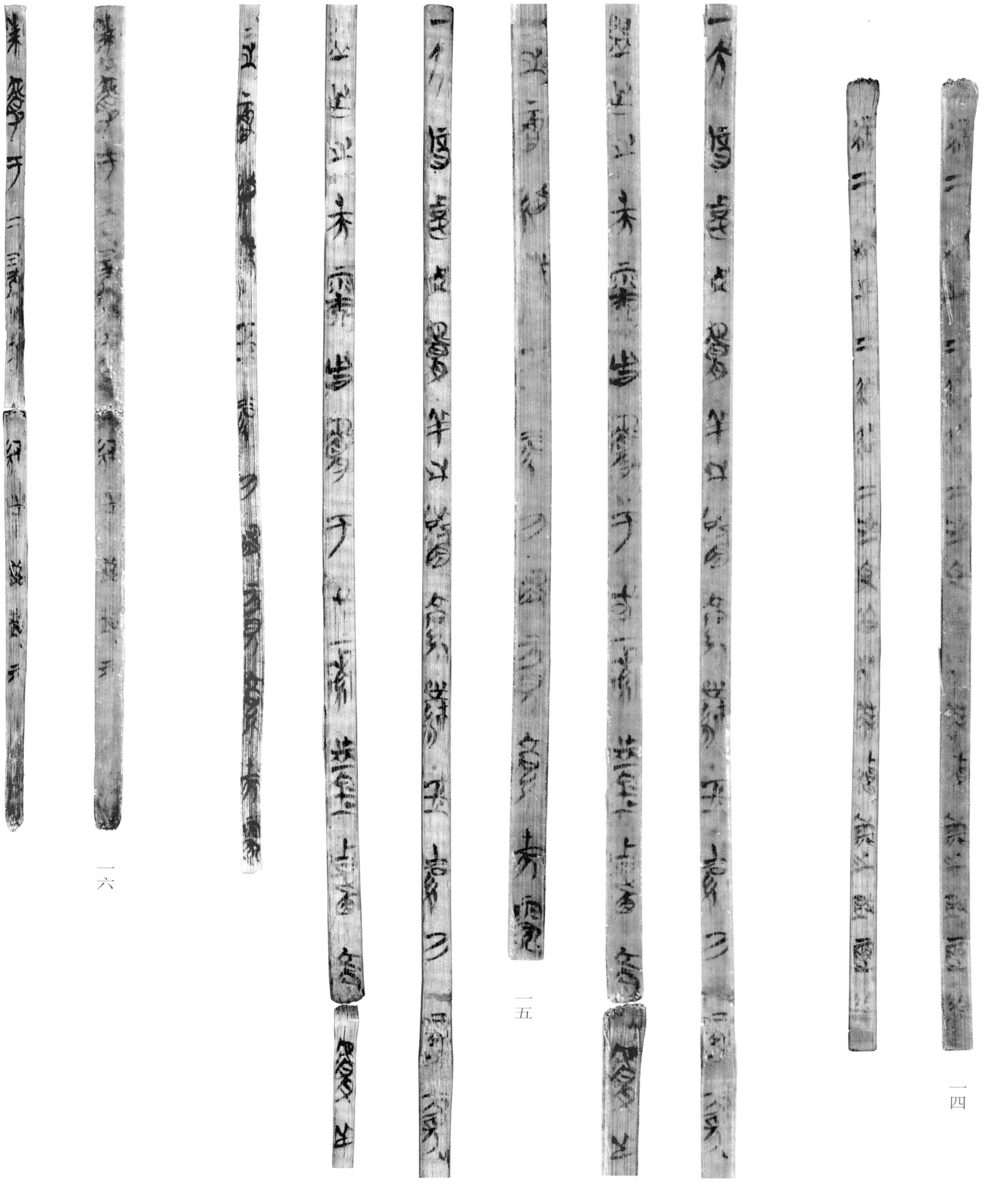

一六

一五

一四

安崗楚墓竹簡原大圖版

一七 一八 一九 二〇 二一

附：無字殘簡

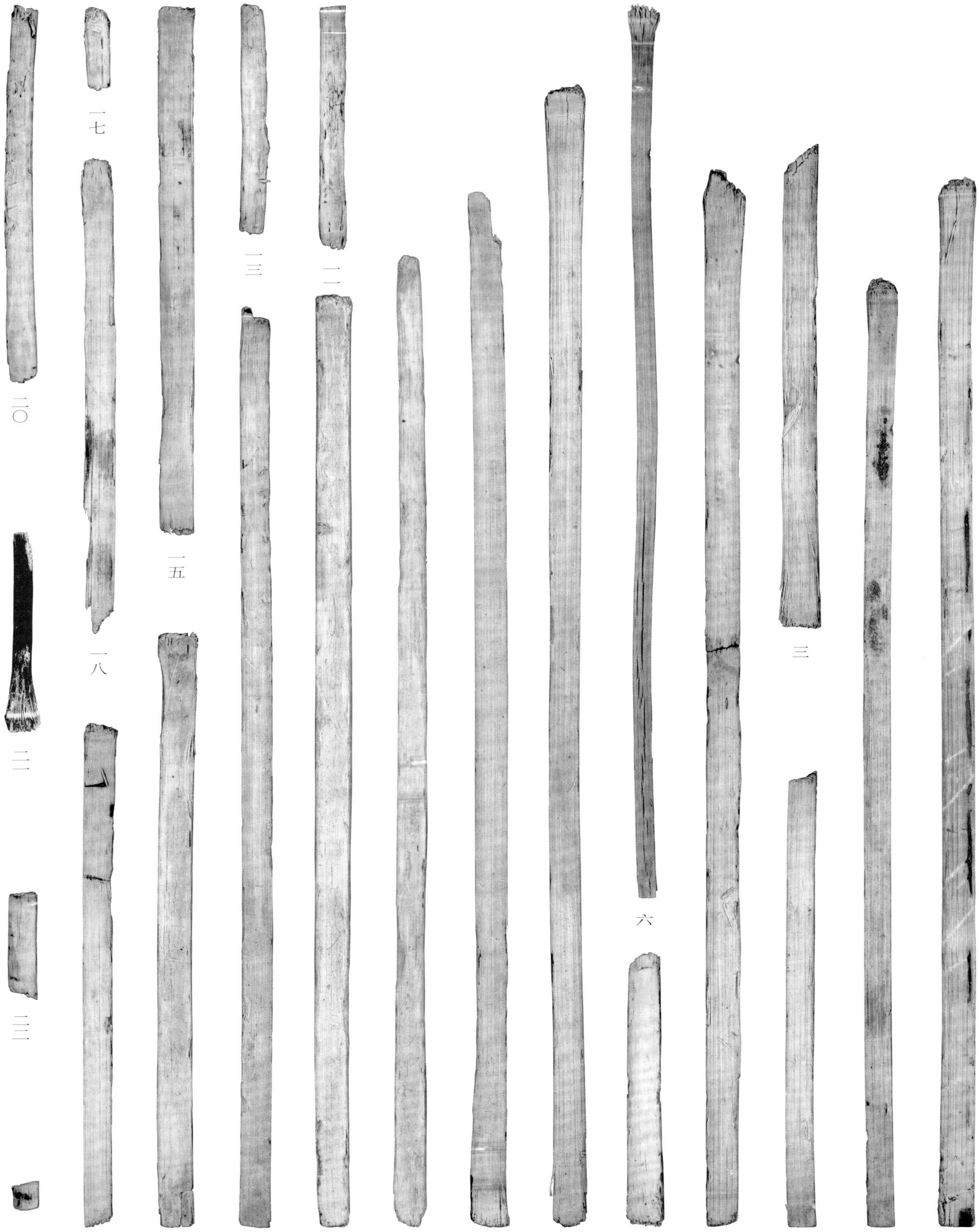
一
二
三
四
五
六
七
八
九
一〇
一一
一二
一三
一四
一五
一六
一七
一八
一九
二〇
二一
二二
二三

二號墓竹簡

一

二

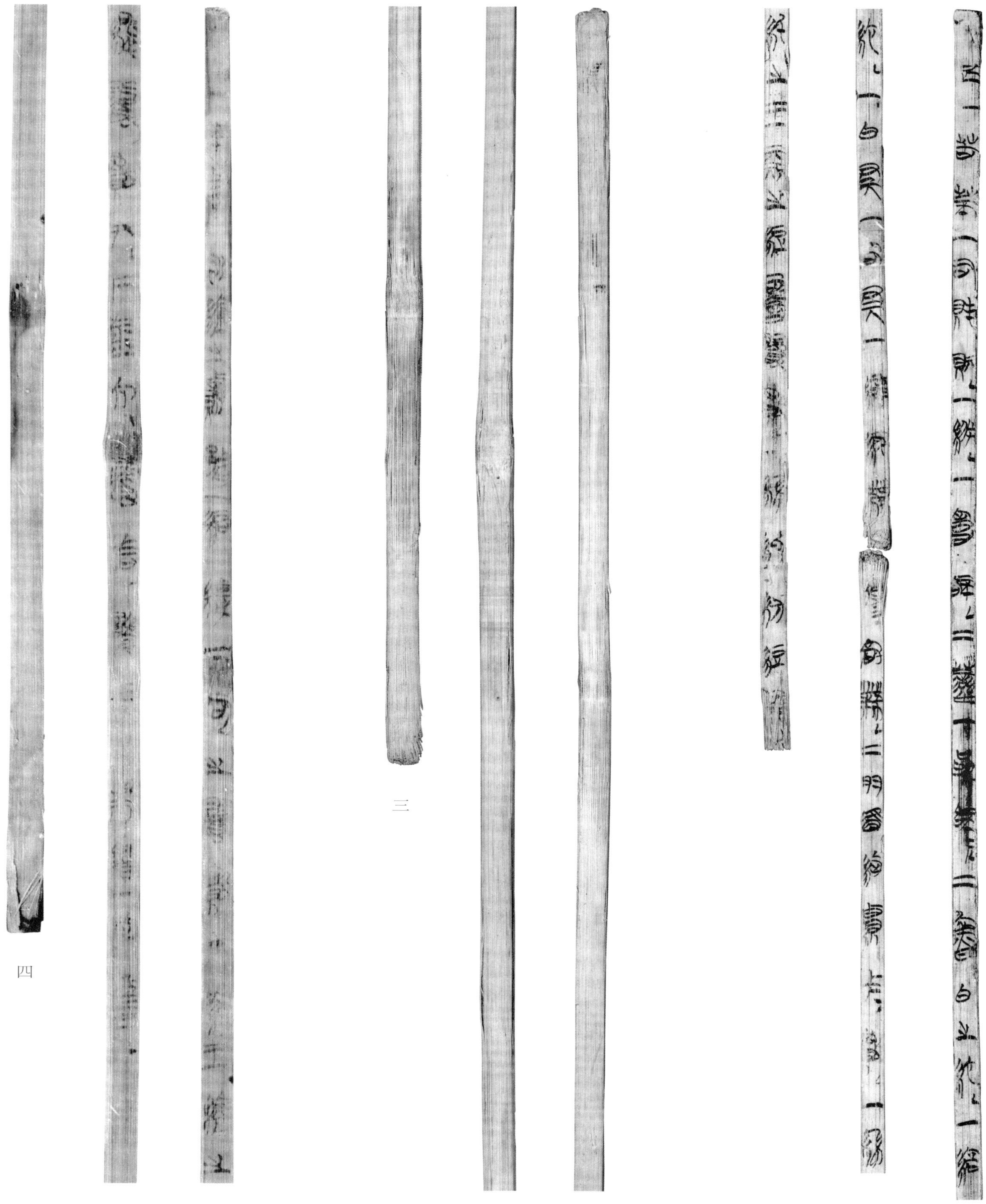

四

三

五

安崗楚墓竹簡放大圖版

（圖像放大約兩倍）

一號墓竹簡

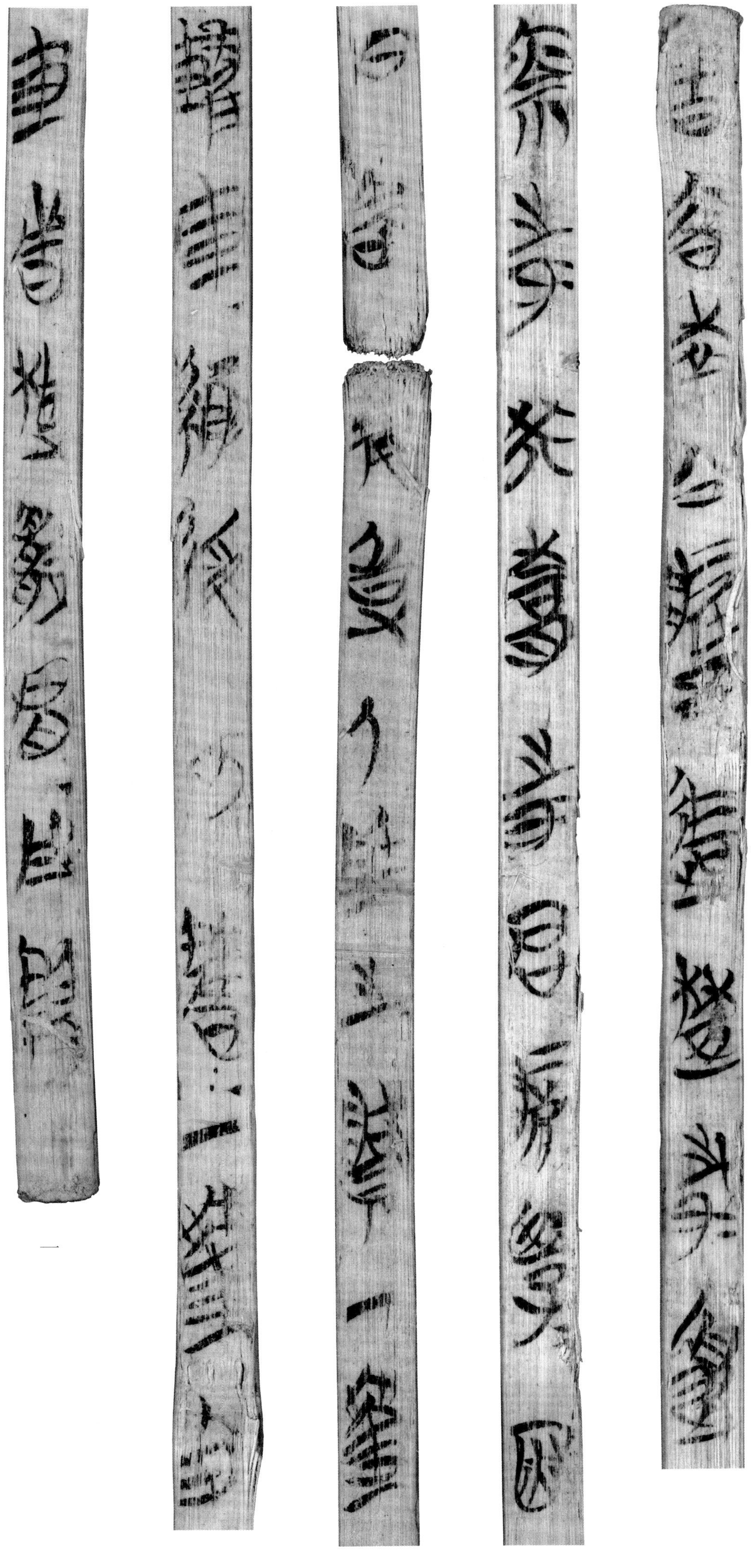

一

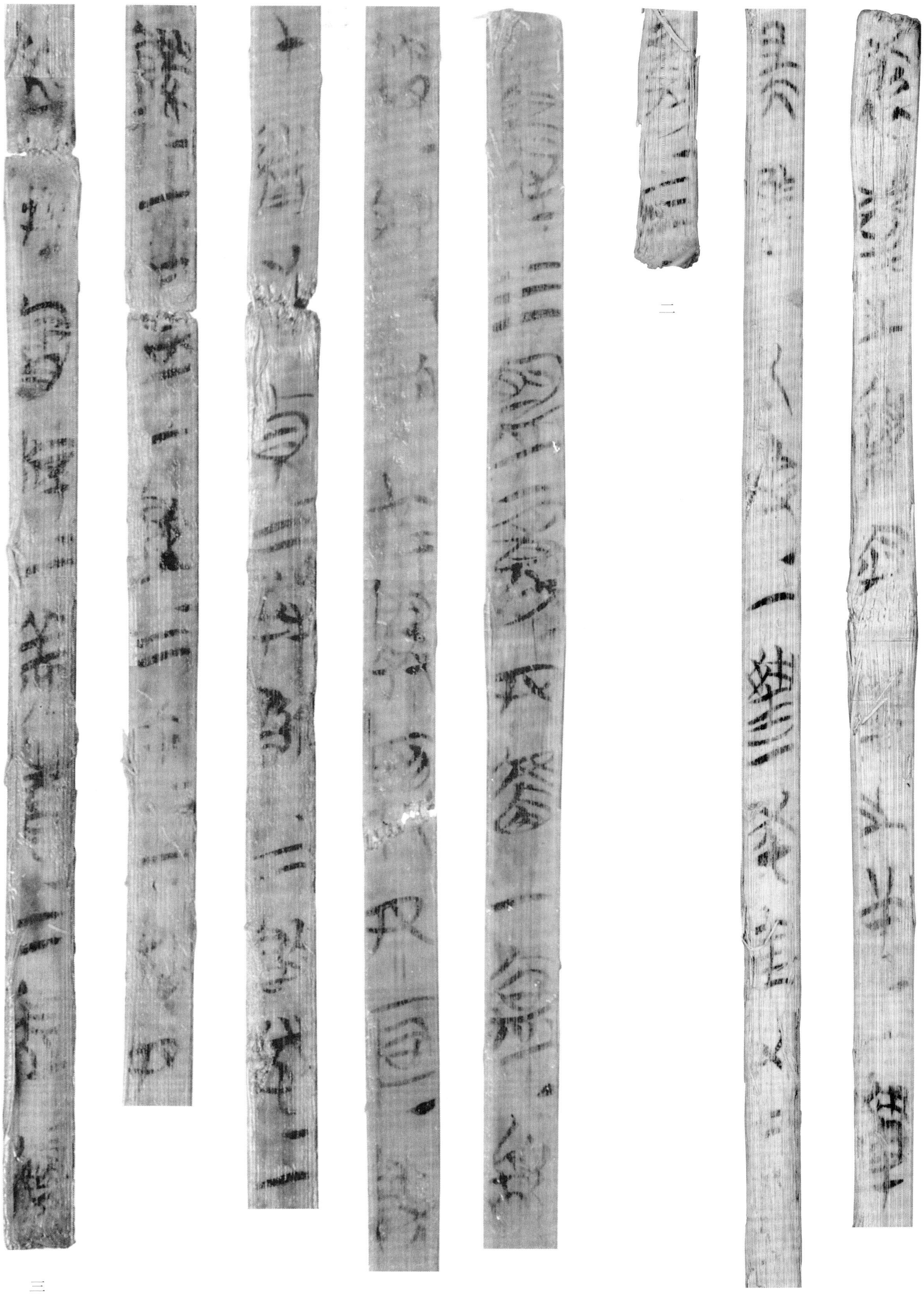

二

三

四

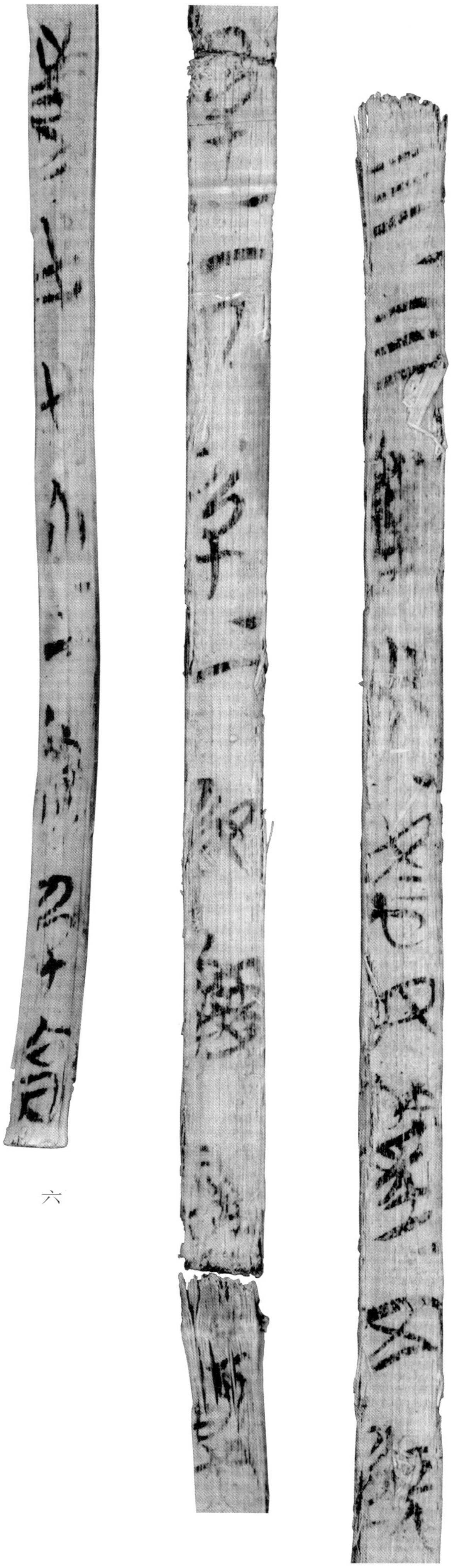

六

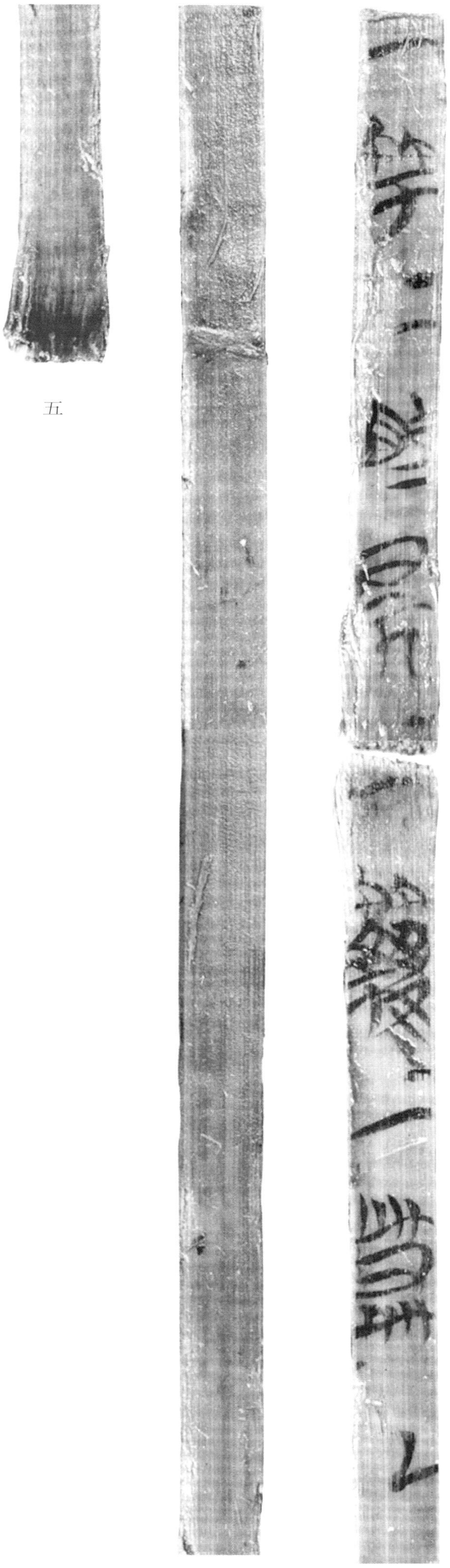

五

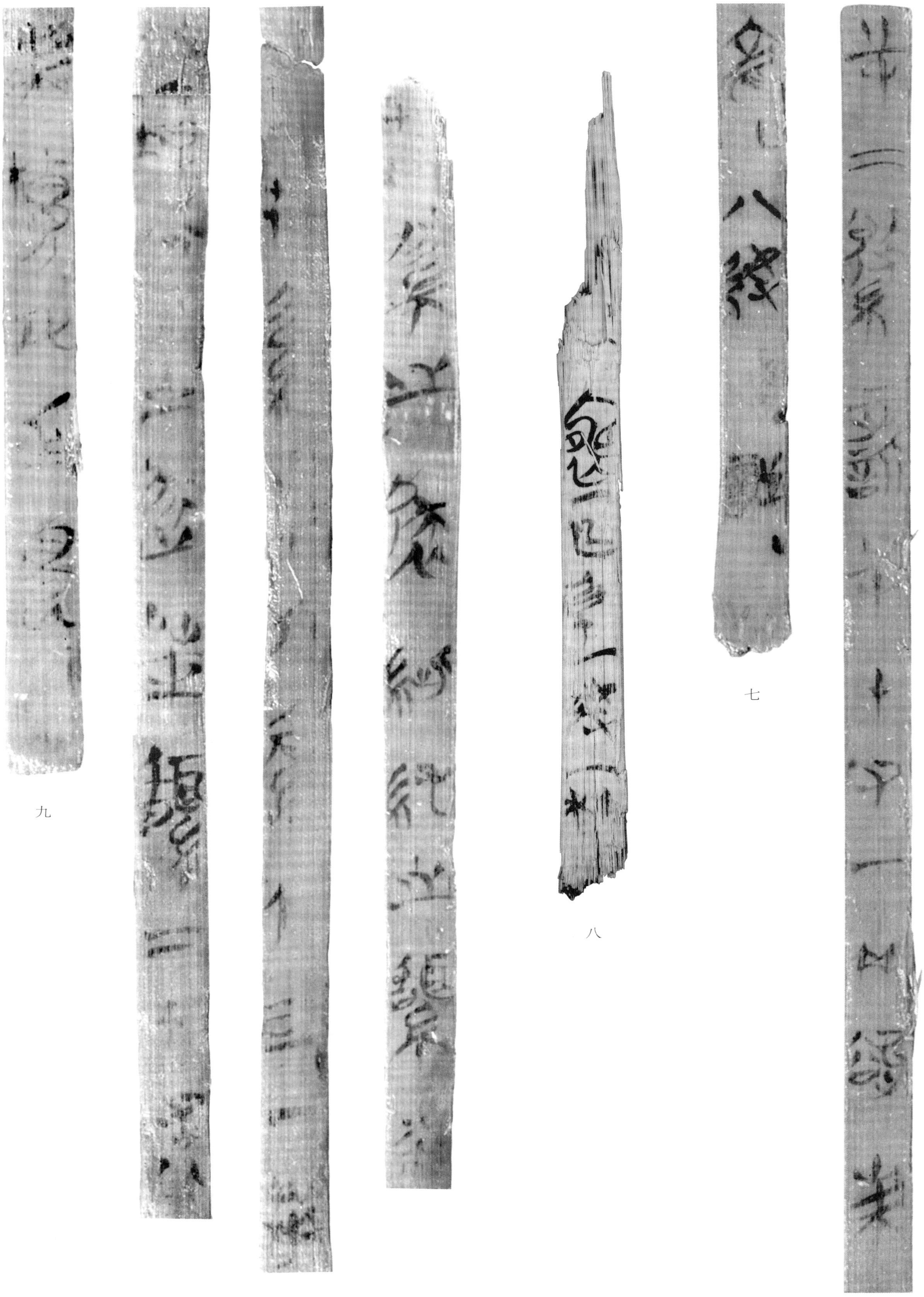

九

八

七

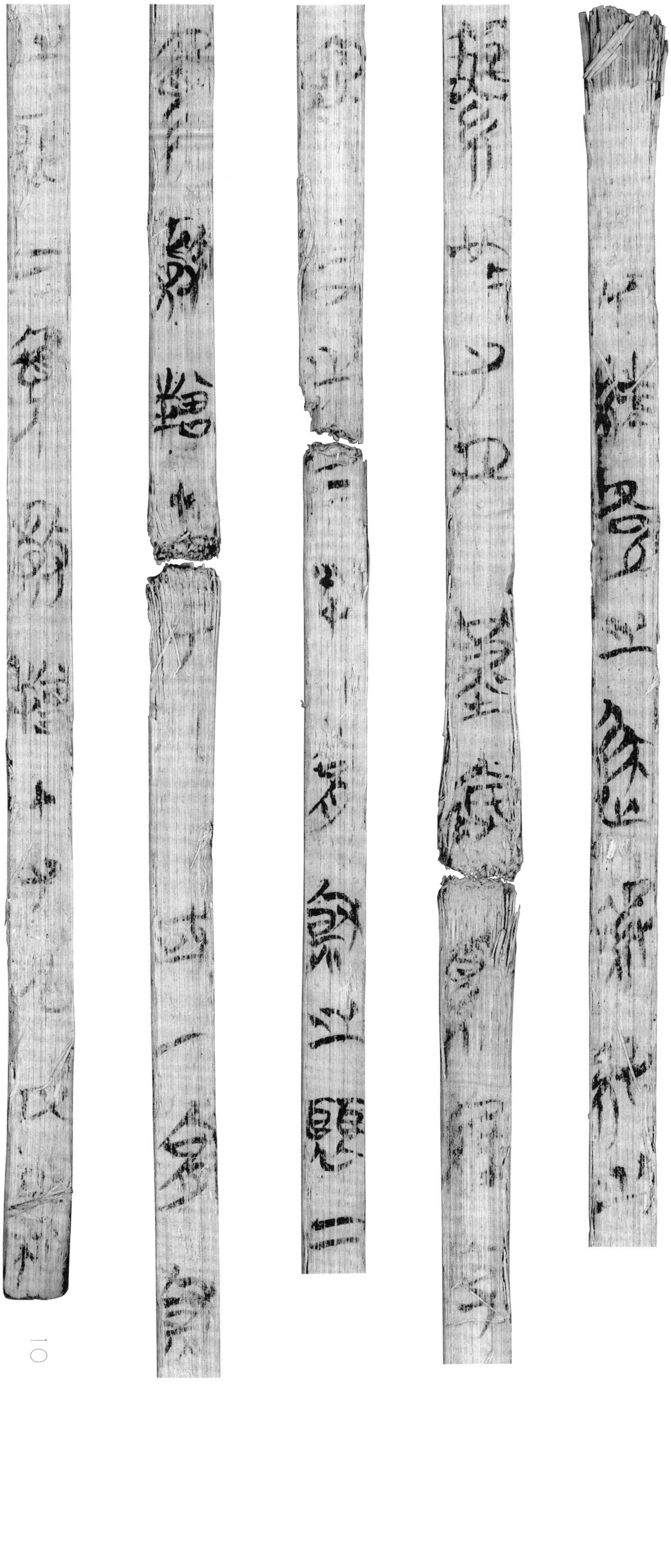

一〇

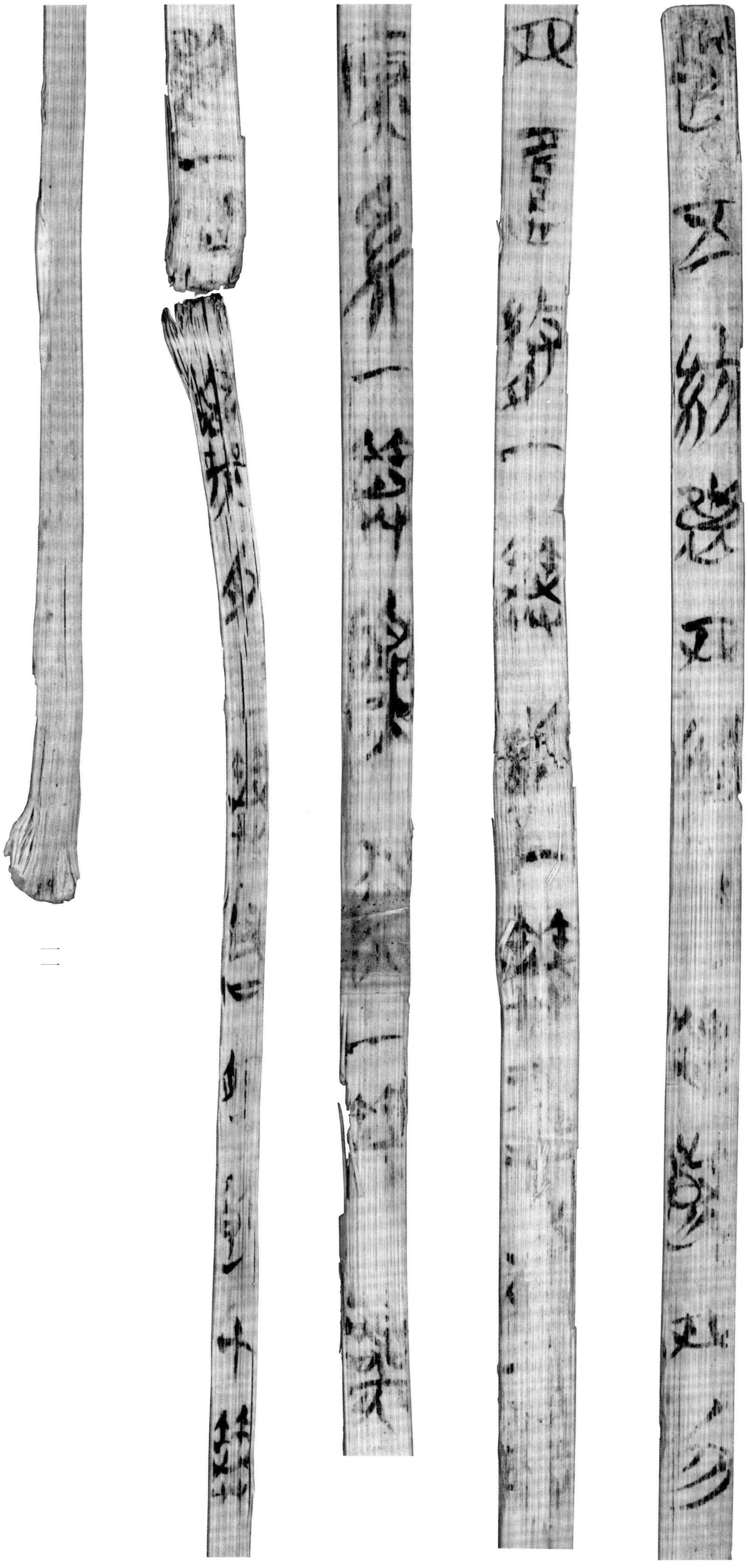

二

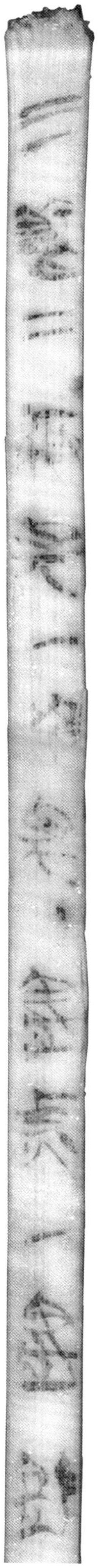

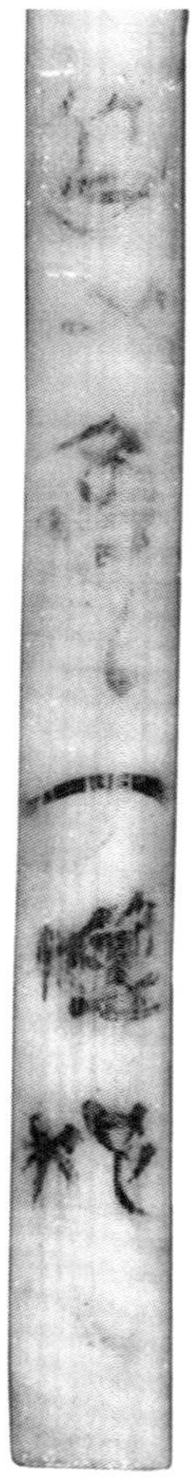

一二

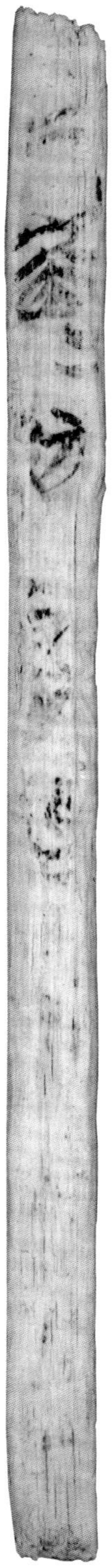

一三

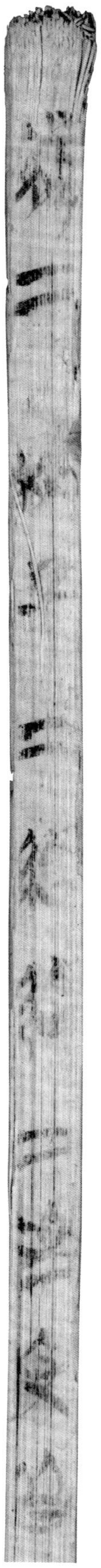

一四

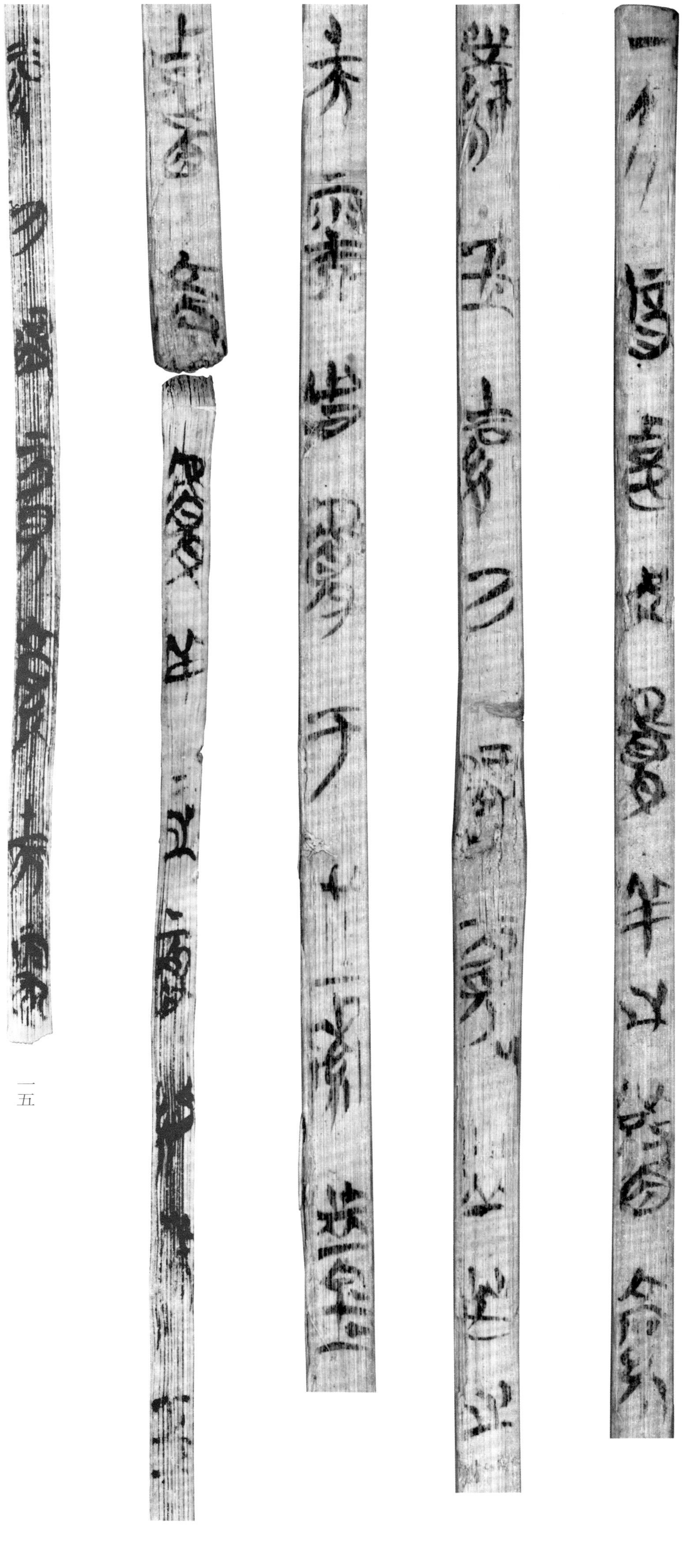

一五

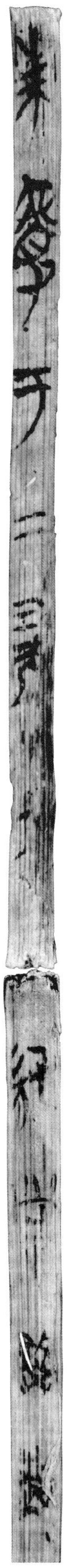

一六

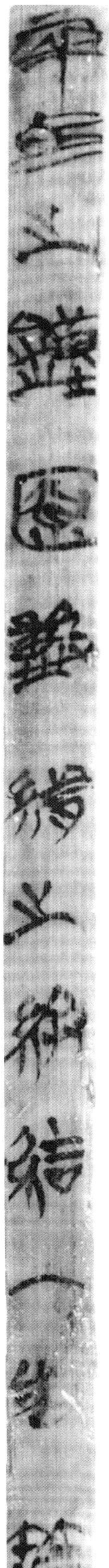

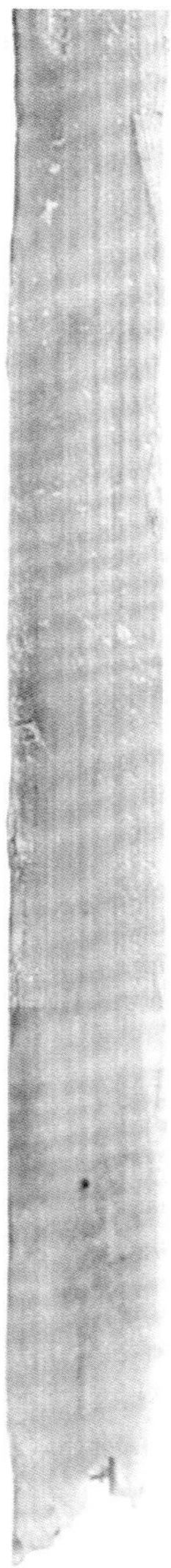

一七

一八

一九

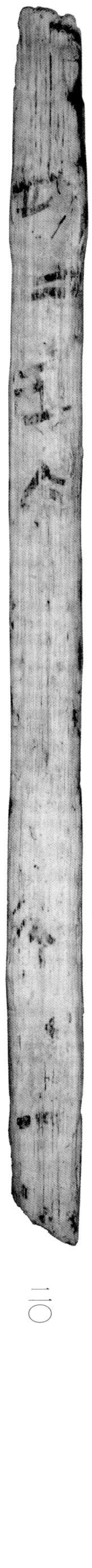

二〇

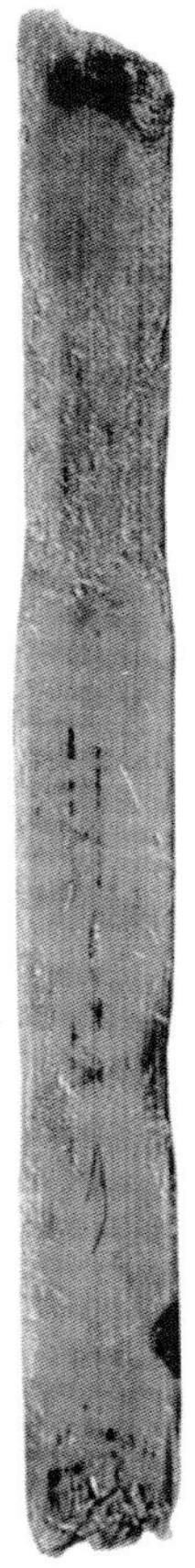

二一

二號墓竹簡

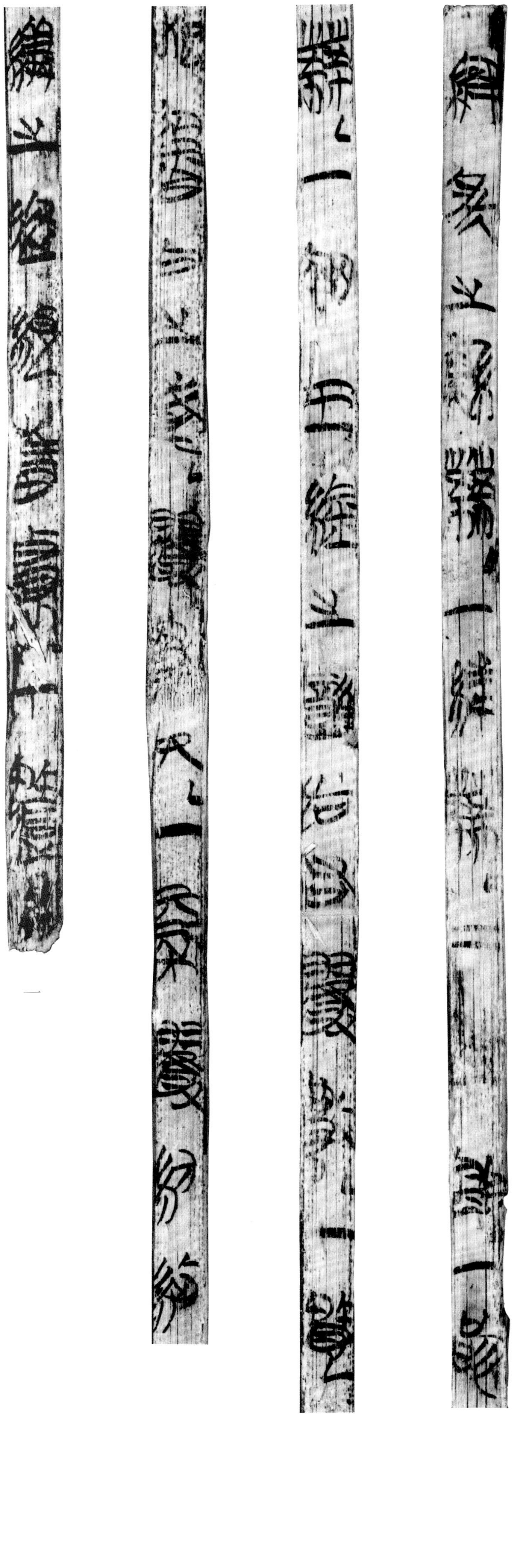

一

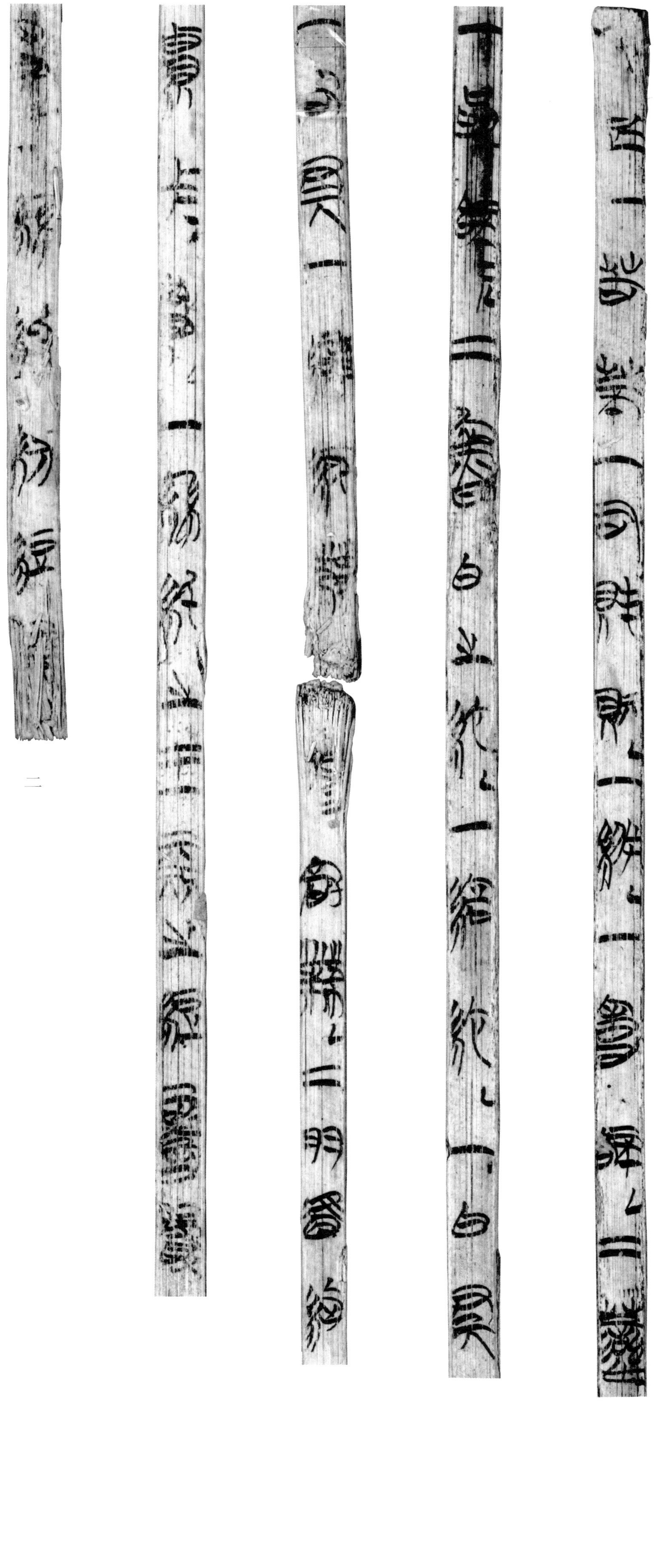

二

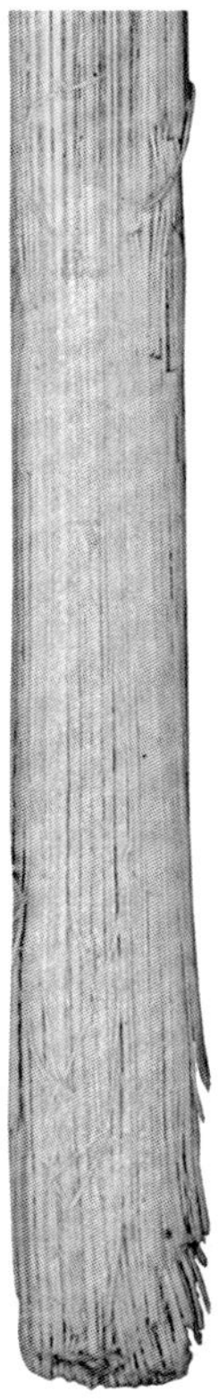

三

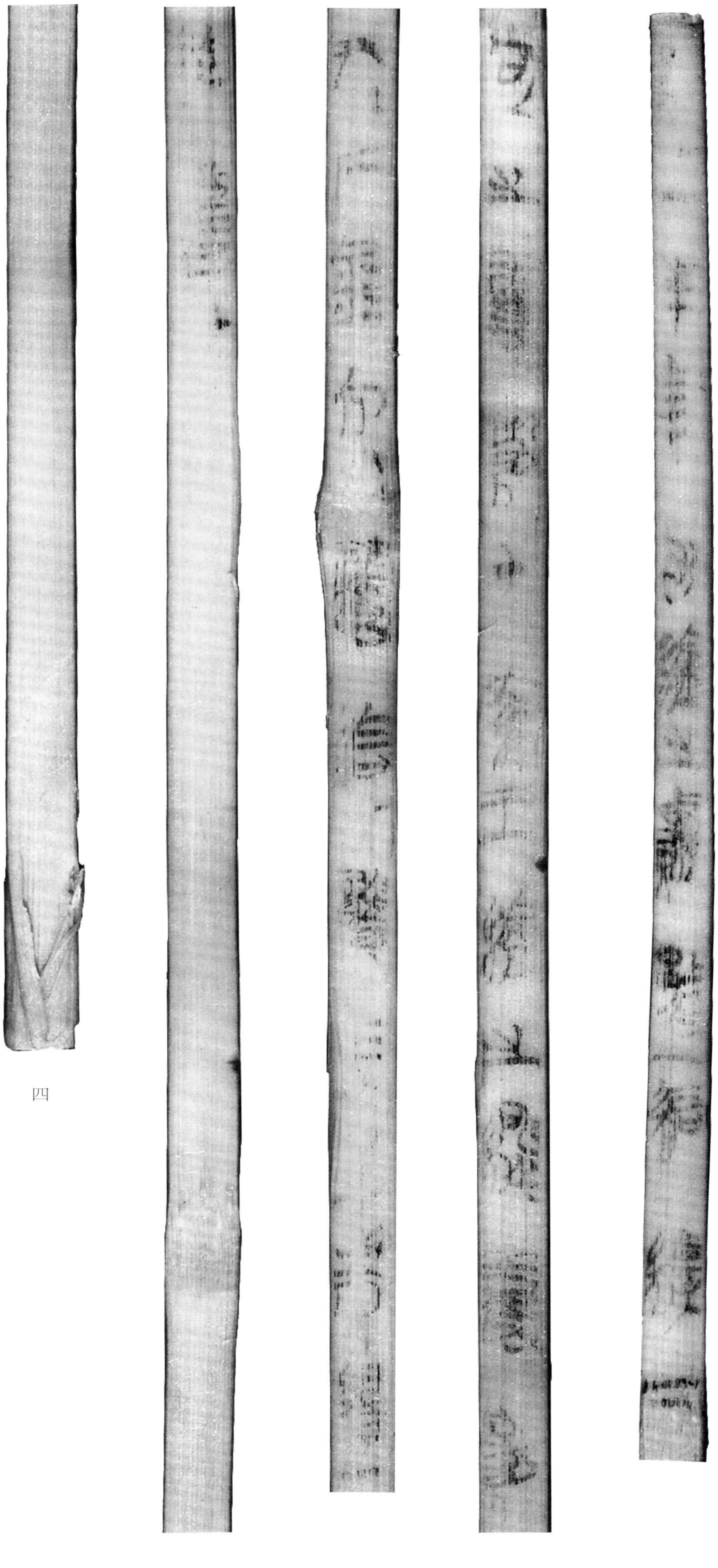

四

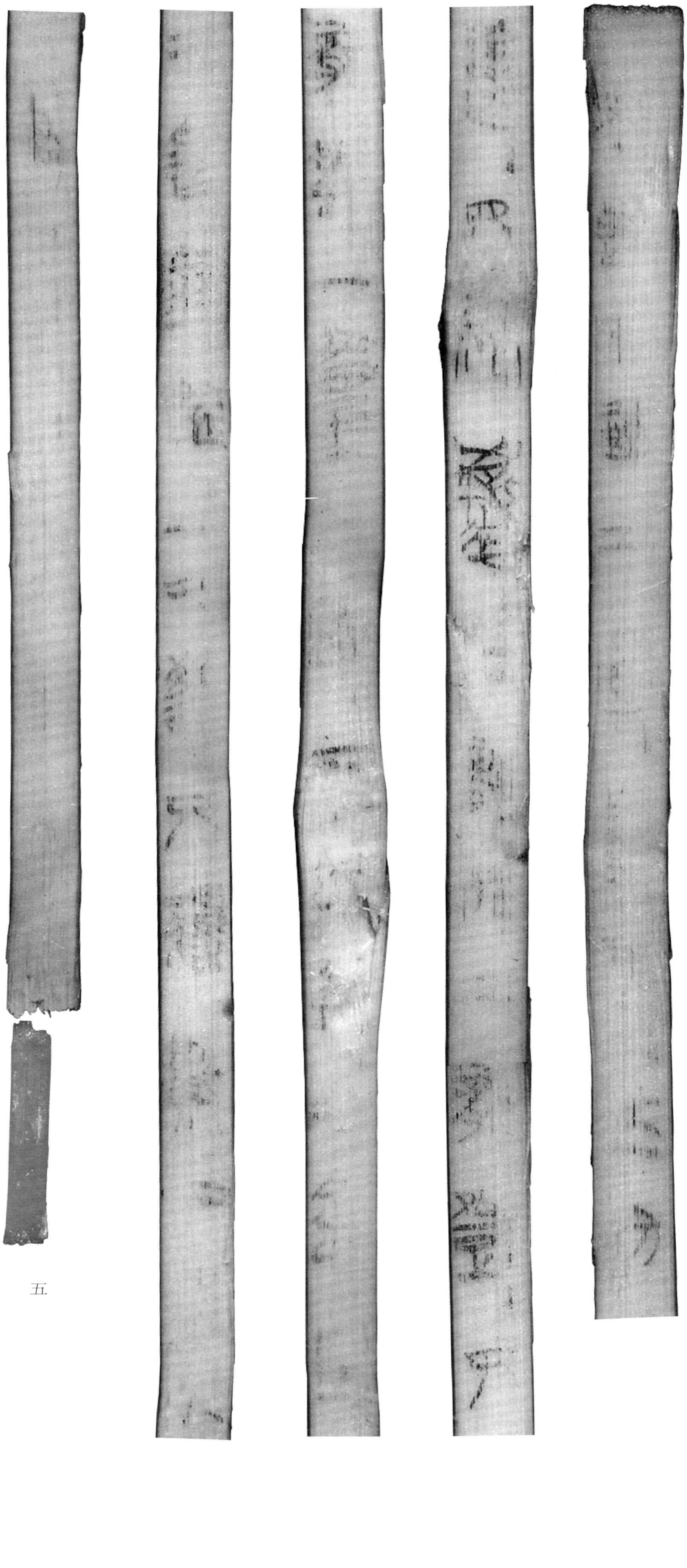

五

安崗楚墓竹簡縮小圖版

（圖像縮小約二分之一）

一號墓竹簡

一　二　三　四　五　六　七　八　九　一〇　一一　一二　一三　一四

一五 一六 一七 一八 一九 二〇 二一

一號墓竹簡背面刻劃綫

（局部圖像放大約兩倍）

二背 三背 四背 七背 一五背

二號墓竹簡

五 四 三 二 一

一號墓竹簡釋文與注釋

周客南公瘫迈（蹠）楚之戢（歲）頙（夏）㮈之月癸栖（酉）之日〔一〕，君疠〈⿸疒⿰爿歺〉（葬）賢子〔二〕，戝（列）尹命【執】事人爲之贅（藏）〔三〕。一𨏈（乘）⿰車翟（翟）車〔四〕，緄綏〔五〕，紡箐（蓋）〔六〕。一𨏈（乘）甸車〔七〕，周（雕）【橙】（軥）〔八〕，⿷匚豆冒（蒙）〔九〕，彤笄〔一〇〕，一䟻（尨）麾（旄）之頂〔一一〕，□【麾】（旄）之干〔一二〕。一𨏈（乘）耑（短）轄（轂）〔一三〕，又（有）【皮】（鞁）〔一四〕。一𨏈（乘）犬車〔一五〕，又（有）二□童。三▨二

【注釋】

〔一〕周客，指周王使者，又見於包山二號楚墓一二〇號簡。「南公瘫」即周客，人物生平不詳。蹠，到、至之義。《淮南子·原道》「自無蹠有」，高誘注：「蹠，適也。」「周客南公瘫蹠楚之歲」是以事紀年。頙，「夏」之繁體。「夏㮈」爲楚月名，即楚曆七月，相當於夏曆四月。簡文「之歲」、「之月」、「之日」皆合文。此處所記時間當是該墓墓主下葬日期。

〔二〕疠，從「疒」從「歺」，當是「⿸疒⿰爿歺」之誤寫。「⿸疒⿰爿歺」從「歺」「爿」聲，讀爲「葬」，埋葬。賢子，簡文寫作合文的「孯」。「君葬賢子」表明墓主是「君」之子。據發掘報告，墓主爲男性，年齡約三十六歲，死時較年輕。

〔三〕「戝（列）尹」是楚職官，包山一二五號簡等作「戭尹」。「贅（藏）」指下葬時藏物於壙。從簡文看，列尹派遣執事人主持了「君」之子的葬禮。

〔四〕⿰車翟，車乘之「乘」的專字。「翟車」似是一種在車兩側裝飾翟羽的乘車。《周禮·春官·巾車》「翟車，貝面組總，有握」，鄭玄注：「翟車，不重不厭，以翟飾車之側爾。」

〔五〕《詩·秦風·小戎》「竹閉緄滕」，毛傳：「緄，繩。滕，約也。」《禮記·曲禮上》「執策綏」，孔穎達疏：「綏是上車之繩。」從楚墓遣册看，綏是當時車上普遍使用的一種繫帶，有的是登車用的車綏，有的是車上裝飾的繫帶。

〔六〕「紡箐（蓋）」指車蓋。信陽一號楚墓二—〇四號簡記作「紡箭（蓋）」。

〔七〕「甸車」似當讀爲「田車」，田獵所乘之車。曾侯乙墓六五號簡記作「敂車」，望山二號楚墓五號簡記作「畋車」，天星觀一號楚墓竹簡記作合文「軥」（《楚訂》一二七五頁）。

〔八〕「雕」通「彫」，指彩繪。《楚辭·招魂》「雕題黑齒」，王逸注：「雕，畫也。」《荀子·大略》「天子彫弓」，楊倞注：「彫，謂彫畫爲文飾。」「橙」字原文右旁有殘泐，讀爲「軥」，指車轅。《方言》卷九：「轅，楚衛之間謂之軥。」「雕軥」指彩繪的車轅。包山二號墓竹牘記作「周（雕）輚（軥）」。

〔九〕「⿷匚豆」疑是某種動物之名，在此指動物的皮毛，用以蒙覆。《左傳》襄公十年「而蒙之以甲」，杜預注：「蒙，覆也。」《漢書·楊惲傳》「蒙賜書」，顏師古注：「蒙，蔽。」簡文「冒（蒙）」用作名詞，指車蔽之類。

〔一〇〕「彤笄」似當指赤色的旗幟，用在「甸車」之上。望山二號墓一三號簡記「彤幵，黃末，翠（翠）胸，罷（翡）蠃，冢（蒙）毛（旄）之首」（參看范常喜《望山楚簡遺册所記「彤幵」新釋》，《江漢考古》二〇一八年二期，一一五～一一八頁；羅小華《試論望山簡中的「彤幵」——兼論戰國簡册中的旗杆》，《出土文獻》九輯，一四五～一四六頁），「彤笄」與「彤幵」當是一物。

〔一一〕尨，雜色。《左傳》閔公二年「衣之尨服，遠其躬也」，杜預注：「尨，雜色。」「旄」指旄飾。《説文》㫃部「旄，幢也」，朱駿聲通訓定聲：「旄，

旌旞竿飾也。本用犛牛尾注于旗之竿首，故曰旄。後又用羽，或兼用氂與羽焉。」據紅外影像，「之」下一字右旁是「頁」，在此疑用作「首」，指旗杆之首。「尨旄之□」蓋與望山二號墓一三號簡「冢毛之首」相當，是説「彤笄」的杆首插有雜色旄飾。

〔一二〕干，疑指「彤笄」的旗杆，「□旄之干」似與包山二六九號簡所記「𣭢（旄）中干」相當，「□旄」是「干」上的裝飾。

〔一三〕㟴（短）轄（轂），車名。《鹽鐵論·散不足》「中者微輿短轂」，王利器校注：「長轂者兵車，短轂者非兵車。」曾侯乙墓七三、一七六號簡和包山二七四號簡分別記作「椯轂」、「端轂」、「椯𣪘」。

〔一四〕《説文》革部：「鞁，車駕具也。」

〔一五〕簡文「犬」字的下部有一横畫，疑係飾筆，三號簡「二匕」之「匕」原文也有類似的横畫飾筆。犬車，車名，疑屬輦車之類。

悮（懌）。三盟童〔一〕。四𧆛〔二〕，一盇（蓋）〔三〕。幁（巾）□〔四〕。月□月□廿（二十）箕與四⿷匚司（笥）〔五〕。【饃】（糗）十纕（囊）〔六〕，□貞（鼎）〔七〕。二友【瓠】（壺）〔八〕。二欱（合）⿱戔心（盞）〔九〕。一⿰金絫〔一〇〕。一⿱口皿〔一一〕，一鉈（匜）〔一二〕。二匕〔一三〕。二梶（椐）〔一四〕，四【柤】（俎）〔一五〕。四酓（飲）杯〔一六〕。一葥□〔一七〕。二經【縷】（屨）〔一八〕。三一革⿰糸帶（帶）〔一九〕。一緄⿰糸帶（帶）〔二〇〕。三关袞〔二一〕，弋五十〔二二〕。二夾〔二三〕，矰卅（三十）又七〔二四〕。一吳⿰爿酉鐂（劍）〔二五〕，縞⿰糸帶（帶）〔二六〕。一【索】（楚）者鐂（劍）〔二七〕，糸□□〔二八〕。一□卌〔二九〕。一【貞】（頂）□虖（甲）〔三〇〕，紫裛〔三一〕。一□户□。三戈〔三二〕。一几〔三三〕。一坐疐〔三四〕。一桑（瑟）〔三五〕。四一竽〔三六〕。一觟（獬）冠〔三七〕。一埶〔三八〕。一卌。五

【注　釋】

〔一〕盟童，疑讀爲「明童」，指隨葬的木俑，信陽二—〇二八號簡、望山二號墓四九號簡分別記作「𥁰（盟）僮」、「亡童」，亦即《吳越春秋·夫差内傳第五》「梧桐心空，不爲用器，但爲盲僮，與死人俱葬也」之「盲僮」（參看《江陵望山沙冢楚墓》二九九頁）。墓中出土三件彩繪木俑，當是簡文所記「三盟童」。馬王堆三號漢墓遺册二一、三九號簡分別記有「男子明童」、「女子明童」。

〔二〕楚墓遺册屢記「𧆛」，可能指楚墓常見出土的鏤空杯或樽，疑讀爲「觳」。《説文》角部：「觳，盛觵卮也。」

〔三〕簡文「一蓋」與上文「四𧆛」之間未書句讀號，疑「一蓋」是「𧆛」之蓋，可能指墓中出土的一件淺盤狀銅器蓋。包山二五四號簡記有「二𧆛盇（蓋）」。

〔四〕幁，巾的別名。「幁」下一字原文不清，疑爲「箕」。「箕」字見於下文，竹器名，楚墓遺册習見。簡文「幁箕」前可能漏寫或省寫了表示數量的數字。包山二五九號簡記有「一縉（巾）笲，六縉（巾）」。「幁箕」與「巾笲」大概都是盛巾的竹笥。

〔五〕簡文「廿」之下有合文符號。「廿」上二字殘泐，當指食物；從殘畫看，後一字疑從「肉」從「匕」，或即「肶」，讀爲「膍」。《説文》肉部：「膍，牛百葉也，从肉𣬉聲，一曰鳥膍胵。肶，膍或从比。」「⿷匚司」是「笥」字異體。墓中出土各類竹笥十一件，有的竹笥裡面發現有果核。

〔六〕「饃」是「糗」字異體。《説文》米部：「糗，熬米麥也。」《左傳》哀公十一年「進稻醴、粱糗、腶脯焉」，杜預注：「糗，乾飯也。」包山二五六

號簡記「青絵（錦）之纕（囊）四，皆有糗」，亦是記盛糗食囊。

〔七〕貞，這裡讀爲「鼎」。「貞」上一字簡文殘泐，似是「又」，讀爲「有」。「糗十囊，有鼎」可能是説糗囊是放在鼎内的。墓中出土六件銅鼎，鼎内有牛、羊、豕骨及杏核等食物殘留。

〔八〕「友」表示一對。《詩・小雅・吉日》「或羣或友」，毛傳：「獸三曰羣，二曰友。」「瓠」從「瓜」得聲，與「壺」音通。墓中出土兩對銅壺，似即簡文所記「二友壺」。

〔九〕「合」指器物的身、蓋可扣合。楚器稱「敦」爲「盞」。墓中出土形制相同的銅敦二件，當是簡文所記「二畬（合）盞（盞）」。

〔一〇〕鐢，從「金」「縈」聲，疑讀爲「鎣」。《説文》金部：「鎣，器也。从金熒省聲。讀若銑。」墓中出土一件提梁銅盉，疑即簡文所記「一鎣」。

〔一一〕「一」下一字原文上部殘泐，從所處位置看，疑是「盤」。「一盤」與下文「一匜」屬成套盥器。墓中出土銅盤一件，似當是簡文所記「一盤」。

〔一二〕墓中出土銅匜一件，當是簡文所記「一鉈（匜）」。出土時，銅匜置於銅盤内。

〔一三〕墓中出土二件長木柄的銅匕，當是簡文所記「二匕」。

〔一四〕梶，疑是「梶」之省寫。「梶」疑讀爲「橛」。《禮記・明堂位》「俎用梡、嶡」，陸德明釋文：「嶡，居衛反。又作『橛』，音同。」墓中出土二件A型俎，形體較大，似當是簡文所記「二梶」。包山二六六號簡、信陽二—〇一一和二—〇二九號簡等皆記有「梶」。

〔一五〕墓中出土四件B型俎，形體較小，當是簡文所記「四柤（俎）」。

〔一六〕「飲杯」疑指耳杯。墓中出土四件月牙形耳的漆耳杯，似即簡文所記「四飲杯」。

〔一七〕葥，疑讀爲「佩」或「服」。

〔一八〕「緸屨」蓋是楚地流行的一種織屨。信陽二—〇二號簡、望山二號墓五七號簡分别寫作「詎縷（屨）」、「怚縷（屨）」。

〔一九〕「紼」是「帶」字繁體。「革帶」指皮革縫製的束帶。《禮記・玉藻》「肩革帶，博二寸」，鄭玄注：「凡佩繫於革帶。」望山二號墓四九、五〇號簡等記有「革紼（帶）」。

〔二〇〕緄紼，色絲織成的束帶。《後漢書・南匈奴傳》「童子佩刀、緄帶各一」，李賢注引《説文》曰：「緄，織成帶也。」《後漢書・輿服志下》：「自公主封君以上皆帶綬，以采組爲緄帶，各如其綬色。」信陽二—〇七號簡、望山二號墓四九、五〇號簡等記有「緄紼（帶）」。

〔二一〕关，疑讀爲「卷」，收藏之義。《玉篇》卩部：「卷，收也。」《儀禮・公食大夫禮》：「有司卷三牲之俎，歸於賓館」，鄭玄注：「卷，猶收也。」

〔二二〕褎，疑讀爲「櫜」，此用以盛箭。《説文》櫜部「櫜，車上大櫜」，段玉裁注：「櫜，引伸之義凡韜於外者皆爲櫜。」《左傳》僖公二十三年「右屬櫜鞬」，杜預注：「櫜以受箭。」

〔二三〕弋，繳射，此指繳射之箭。《詩・鄭風・女曰雞鳴》「將翺將翔，弋鳧與鴈」，鄭玄箋：「弋，繳射也。」孔穎達疏：「繳射，謂以繩繫矢而射也。」簡文「五十」寫作合文，有標識，下「卅」同。墓中出土銅鏃六十九枚，多數殘留蘆葦杆，有的杆首有絲綫纏繞，又出土竹、木質「繞綫棒」六十六件，其上纏繞絲綫。這些纏繞有絲綫的箭杆及「繞綫棒」疑與簡文所記弋、矰有關。

〔二四〕夾，疑讀爲「匣」，此用以盛箭。《説文》匚部：「匣，匱也。」

〔二五〕矰，弋射的箭。《説文》矢部：「矰，隿䠶矢也。」《楚辭・九章・惜誦》「矰弋機而在上兮，罻羅張而在下」，王逸注：「矰，繳射矢也。」

〔二五〕「吴」指吴地。「𤗼鐱」應即「將劍」，劍名。墓中出土一長一短的二把銅劍，各有髹漆木質劍鞘和劍櫝，似當是簡文所記「一吴將劍」及下文「一楚者劍」。

〔二六〕「縞帶」是「將劍」的劍帶。

〔二七〕索，似當讀爲「楚」，指楚地。者劍，劍名。仰天湖二五號楚墓二三號簡記有「一郕（越）鍺鐱（劍）」。

〔二八〕此處當是記「者劍」的劍帶。疑末字是「紼（帶）」。

〔二九〕「𦉢」似即郭店一號楚墓竹簡《六德》四三號「衍（道）不可𠑹也，能獸（守）弌（一）曲焉」之「𠑹」字右旁，疑當釋爲「扁」，具體所指待考。一說爲「巤」字。「𦉢」上一字簡文殘泐，從殘畫看疑是「羽」。

〔三〇〕這裡的「貞」讀爲「頂」，是甲衣的量詞。「虖」讀爲「甲」，這裡指人甲。墓中出土人甲一件，似即簡文所記「一頂□甲」。

〔三一〕㚒，指藏甲的囊袋。《説文》衣部：「㚒，書囊也。」

〔三二〕墓中出土三件銅戈，皆木柲、銅鐏，似即簡文所記「三戈」。

〔三三〕墓中未出土楚墓常見的憑几、房几，惟出土一件長方形矮銅足漆木案。這種形制的案，包山、信陽、望山楚墓遣册稱作「桯」，即「桯」。《説文》木部：「桯，床前几。」《廣雅·釋器》：「桯，几也。」不知此處簡文所記「一几」是否是指墓中出土的這件矮足案。

〔三四〕坐𡌲，從簡文所處地位看，疑指墓中出土的一件發掘報告稱之爲「懸鼓」的漆木器，報告認爲其由木座和鼓組成。不過，據嚴倉楚簡資料，「坐𡌲」也可能指坐席。

〔三五〕「桑」是「瑟」字繁體。字從「木」從「𢀳」，「𢀳」即「瑟」字初文，從丽（麗字所從）得聲。楚文字「丽」多寫作丽、弄。墓中出土漆木瑟一件，當即簡文所記「一瑟」。

〔三六〕墓中出土竽一件。

〔三七〕《淮南子·主術》「楚文王好服獬冠，楚國效之」，高誘注：「獬豸之冠，如今御史冠。」望山二號墓六二號簡、包山二五八號簡記有「鮭（獬）冠」、「桂（獬）冠」。

〔三八〕籔，疑讀爲「箑」。《説文》竹部：「箑，扇也。」墓中出土一件短柄扇，僅存扇柄，可能即是簡文所記「一籔（箑）」。「籔」又見於上海博物館藏戰國竹書《柬大王泊旱》一五號簡「毋敢執築籔」（參看孟蓬生《上博竹書（四）閒詁（續）》）。

☐三。三□□〔一〕。蛮四筮〔二〕。五張弓〔三〕。一曲弓〔四〕。一弦（弩）〔五〕，捭釒與𡌲矢廿（二十）介〔六〕。一□弓㚒〔七〕。六

矢二絭〔八〕，新矢十又一〔九〕，竹欲〔一〇〕，桼（漆）害〔一一〕。八弩𨛜〔一二〕。☐七

【注　釋】

〔一〕簡文末字殘泐，疑是「戈」。

〔二〕《玉篇》虫部：「蛮，似蜘蛛。」從上下文看，簡文「蛮」可能屬於與兵器有關的器物。「四筮」似是表示「蛮」的數量。

〔三〕張弓，疑指弓身較硬、有一定强度的弓。《左傳》昭公十四年「臣欲張公室也」，杜預注：「張，强也。」《儀禮·鄉射禮》：「遂命勝者執張弓，不勝者執弛弓。」這裡的「張弓」與「弛弓」對舉，應指弦綳緊的弓，與簡文「張弓」所指蓋同。墓中出土木弓、竹弓各四件。弓分兩類，一類弓身以一

根整的木條或竹片做成，弓身較硬，整體呈淺弧形；另一類的弓身是以兩根木條或竹片拼對而成，弓身較彎曲。疑前一類弓屬「張弓」，後一類屬下文所記「曲弓」。

〔四〕曲弓，似指弓身彎曲的弓。

〔五〕弦，似當分析爲從「弓」「奴」省聲，即「弩」字。《說文》弓部：「弩，弓有臂者。」墓中出土弩一件。

〔六〕「捭釦」所指應與「弩」有關，疑「捭」讀爲「臂」，指弩臂。「卑」、「辟」古音相近。郭店《緇衣》二三號簡記「毋以卑（嬖）御息（疾）妝（莊）句（后）」。「㯻矢」可能是弩用之箭。「介」同「个」。《集韵》箇韵：「箇，或作个、介。」《書·秦誓》「如有一介臣」，陸德明釋文：「介，字又作个。」

〔七〕弓㚆，盛弓囊袋。

〔八〕繁，疑指裝矢的囊袋或包裹。

〔九〕新，從「言」「新」省聲，疑讀爲新舊之「新」。

〔一〇〕從上下文看，「竹欲」疑指竹箭杆。

〔一一〕「漆」指髹黑漆。「漆害」似指箭杆髹漆。墓中出土的箭矢中，有的箭杆髹有黑漆。

〔一二〕「弩」下一字原文不清晰，疑是「敤」，讀爲「矢」，指弩矢。或疑其右旁從弋作「戜」。

□……衷〔一〕。一曲弓。一弩。一杞□八

【注 釋】

〔一〕衷，疑讀爲「紳」。《說文》糸部：「紳，大帶也。」《廣雅·釋詁三》：「紳，束也。」此處「紳」可能指束物之帶。

□□紛之䘢〔一〕，紫純之縔□□〔二〕，□【繡】（組）□。六【縞】□。或一□〔三〕，□分（紛）之屋，芽縔二十又八〔四〕。桼（漆）樻四〔五〕，甫（鋪）睘（環）〔六〕。九

【注 釋】

〔一〕䘢，簡文從「衣」省，從文例看，似與下文「屋」是同一個詞，疑是「裾」的省寫，「緆」字異體。《集韵》迄韵：「緆，結也。」

〔二〕縔，疑即郭店《緇衣》二九號簡「其出如緍」的「緍」字，同「緡」。《說文》糸部：「緍，釣魚繳也。」

〔三〕或，訓爲「又」。

〔四〕「芽」本是草名。《廣雅·釋草》：「蘋、芽，蔽也。」字亦見於清華大學藏戰國竹簡《程寤》八號「眚（生）民不芽」。此處似表示顏色，疑讀爲「緇」。《說文》糸部：「緇，帛黑色也。」

〔五〕樻，疑讀爲「匱」，箱匣之類。《說文》匚部：「匱，匣也。」

〔六〕「鋪環」指鋪首銜環。墓中出土三件帶蓋、直壁、平底、銅或木質矮足、長方形或凸字形的漆木盒，器表均滿髹黑漆，其中二件有鋪首銜環，與矮足相應。疑這三件木盒屬於簡文所記「漆匱」。

□□□，絑（朱）韋之屋，索（素）純之繄廿（二十）又四，菫□安，纑（組）維〔一〕，夬（決）衺□之〔二〕。三□〔三〕，肎秋（繡）之翼〔四〕。二纑（組）贅〔五〕，矰十□□〔六〕。或一〔七〕，肎秋（繡）之翼。二纑（組）贅，矰十又九。四□一〇

【注　釋】

〔一〕纑維，疑是組做成的繫帶。《說文》糸部：「維，車蓋維也。」《詩·小雅·白駒》「縶之維之」，毛傳：「維，繫也。」

〔二〕「決」指扳指。《詩·小雅·車攻》「決拾既佽，弓矢既調」，毛傳：「決，鈎弦也。」衺，從「衣」「叏」聲，似當讀爲「韘」。《說文》韋部「韘，射決也，所以拘弦。以象骨韋系著右巨指」，徐鍇繫傳：「所以助鈎弦，若今皮韘。」簡文「衺（韘）」從衣，應該是指決的襯墊。決、韘是成套一體，韘單稱時可指決，決、韘連言，大概是指有襯墊的扳指。包山二六〇號簡記有「夬叏」，這裡的「夬衺」與之是同一個詞。

〔三〕「三」下一字不識，下文「肎秋之翼」可能是對其包邊的說明。

〔四〕肎秋，疑讀爲「黝繡」。《廣雅·釋器》：「黝，黑也。」《廣韵》月韵：「黝，黃黑色。」「肎秋」似與望山二號墓二號簡「肙緅」是同一個詞。翼，從「聑」得聲，「聑」、「聶」古音相近，疑讀爲「攝」。郭店簡《緇衣》四五號記：「聑（攝）以悁（威）義（儀）」。「攝」在此指緣。《儀禮·既夕禮》「白狗攝服」，鄭玄注：「攝，猶緣也。」

〔五〕「二纑贅」所指不明，似與下文「矰」關係密切。

〔六〕「十」下一字似是「又」。

〔七〕疑「一」下簡文漏寫或省略了物品名。

【饅】（糗）。五紡□〔一〕。四糹□□〔二〕。□【饅】（糗）。四勿〔三〕。四圓（筲）〔四〕。脩一箕〔五〕。【肴】（脯）一箕〔六〕。【䀠】（擣）【肴】（脯）一箕〔七〕。庶（炙）奚（雞）一箕〔八〕。爨（熬）魚一箕〔九〕。爨（熬）鳥□一【箕】。爨（熬）肉一箕。□肌飤（食）七箕。二

【注　釋】

〔一〕「紡」下一字，簡文兩見，似從衣從中凶聲，疑是「繱」之異體。「凶」、「兇」、「悤」古音相近。郭店《五行》二〇號簡記：「不聦（聰）不明」。《說文》糸部：「繱，帛青色。从糸，悤聲。」簡文「繱」當是物名，所指待考。或疑此字從衣從兇省，讀爲「總」。

〔二〕「四」下一字疑是「縞」。

〔三〕勿，疑讀爲「匫」，盛器名。《說文》匚部：「匫，古器也。」墓中出土的M1：56號木盒，與曾侯乙墓自名「匫」的漆木衣箱形制類似，疑即簡文所記「一勿」。

〔四〕圓，「笥」字異體。

〔五〕《説文》肉部：「脩，脯也。」包山二五七、二五五號簡分别記有「脩二箕」、「脩一籲」。

〔六〕《説文》肉部：「脯，乾肉也。」包山二五五號簡記有「脜（脯）一籲」。

〔七〕「一擣脯」是搗碎的乾肉。包山二五八號簡記有「檮（擣）脜（脯）一笲」。「擣脯」又稱「腶脩」。《儀禮·有司》「取糗與腶脩」，鄭玄注：「腶脩，擣肉之脯。」

〔八〕《説文》炙部：「炙，炮肉也。」包山二五七、二五八號簡分别記有「庶（炙）鷄（雞）一箕」、「庶（炙）鷄（雞）一笲」。

〔九〕《説文》火部：「熬，乾煎也。」包山二五七號簡記有「鬻（熬）魚二箕」。

☐三篿（簟）〔一〕，二【緅】蜀（襡）〔二〕，一縞蜀（襡）。禺（偶）鼎〔三〕，一禺（偶）鈲（壺）〔四〕，皆又（有）盍（蓋）〔五〕。一木□枳〔六〕。 一三

【注釋】

〔一〕《説文》竹部：「簟，竹席也。」《禮記·喪大記》「君以簟席，大夫以蒲席」，鄭玄注：「簟，細葦席也。」郭店《成之聞之》三四號簡「簟席」寫作「籔（簟）笞（席）」，「篿」、「籔」一字異體。

〔二〕《玉篇》糸部：「緅，青赤色也。」襡，此處當指收藏席的囊袋。《禮記·内則》「斂簟而襡之」，鄭玄注：「襡，韜也。」簡文「二緅襡」與下文「一縞襡」，蓋是上文所記「三簟」的斂囊，一席用一囊。

〔三〕「偶」表示一對。《國語·越語上》「勾踐滅吴」章「乃必有偶」，韋昭注：「偶，對也。」簡文「偶鼎」似當指一偶鼎，即一對鼎。墓中出土銅鼎六件，兩兩成對。

〔四〕包山二六五號簡記有「二少（小）鈲（壺）」。

〔五〕指上文鼎、壺皆帶蓋。

〔六〕枳，似當讀爲「枝」，指杖一類物品。「枳」上一字右旁的下部從心。墓中出土内爲木芯、外圍以竹條包裹的「幡杆」一件，不知是否與簡文所記「枳」有關。「枳」亦見於包山二五九號簡「一横枳」、二六〇號簡「一竹枳」（參看李家浩《横枳、竹枳、枳銘》，《出土文獻研究》十二輯，一〇～一五頁）。

☐二膚〔一〕，膚紡□□……〔二〕 一三

【注釋】

〔一〕「膚」字下原有重文號。

〔二〕「膚紡」之「膚」在此可能表示「紡」的顔色。此處簡文漫漶不清，對照其他楚墓有關「膚」的記録，似是對上文「膚」包裹的説明。

☐紉〔一〕。二杒☐〔二〕。二紉紉。二至夬（決）〔三〕，皆☐緤（韘）〔四〕。七絹（黥）秋（緅）之䟠塱（屨）〔五〕，絈〔六〕**一四**

【注　釋】

〔一〕此字疑從「糸」從「甫」，疑讀爲「佩」或「服」。

〔二〕末一字疑是「干」。

〔三〕墓中出土形制、大小相同的木扳指三件。

〔四〕「緤（韘）」亦是指扳指的襯墊。「緤」上一字似是「又」。

〔五〕「黥秋（緅）」似當指黑色繡品。塱，疑從「止」「婁」省聲，即「屨」字。「䟠塱（屨）」與三號簡「絚縷（屨）」同。

〔六〕絈，疑讀爲「帛」。

一吳牺妻文〔一〕，膚羊之䚡〔二〕，縞𢂇（帶）〔三〕，玉結刀𠯗胲〔四〕，𥂗（鹽）芒之夫需〔五〕，周（雕）膚于。或一索（楚）鍺艛觙，膚羊之𧣴，紫☐〔六〕，玉結刀𠯗胲，縞夫需，**一五**桼（漆）虘（組）于〔七〕。二嵩☐☐紉☐，釓鉤。亓（其）……☐**一六**

【注　釋】

〔一〕四號簡記有「一吳牺鐱（劍）」，可互參。妻文，下文寫作「艛觙」，對照隨葬銅器，當指墓中出土的銅削刀。該墓出土一長一短的銅削刀二件，皆有木質刀鞘。

〔二〕「膚羊之䚡」與下文「膚羊之𧣴」所指蓋同。「䚡」、「𧣴」疑是一字異寫，皆從「角」，可能是指用羊角做的某種與削刀有關的佩飾，又疑是指羊角狀的刀鞘。

〔三〕縞帶，此指削刀的佩帶。

〔四〕「玉結刀𠯗胲」兩見，似是指有玉佩繫於刀上。「𠯗胲」疑指裝在削刀首端的銅環。

〔五〕「𥂗」即「鹽」字。「鹽芒」是紡織品名，信陽二—〇二三號簡、包山二六七號簡分別寫作「結芒」、「𥂗萬」。「夫需」疑指包裹刀鞘的絲帶。

〔六〕「紫」下一字簡文不清晰，據文意，似當是「𢂇」字。

〔七〕桼（漆）虘（組）于，似指髹黑漆的「虘（組）于」，與上文「周（雕）膚于」髹有彩繪不同。

两馬之鏝（銀）面〔一〕，襄縩（綖）之絣（弁）、結〔二〕。一周（雕）𥫩（笮）〔三〕。𦚏（偶）梈〔四〕，骨杒，周（雕）☐〔五〕。**一七**

【注　釋】

〔一〕「鏝」、「銀」古音相近。郭店《老子》甲組二四號簡「各復其堇」，「堇」今本作「根」。「面」指馬勒當面的裝飾。包山二七二號簡記有「白金勒、面」，「白金面」即銀面。

〔二〕襄，疑讀爲「緗」。《禮記·祭法》「相近於坎壇」，鄭玄注：「相近當爲禳祈，聲之誤也。」「緗」指淺黃色。《廣韵》陽韵：「緗，淺黃。」縩，疑即「綖」之繁體，指絲綫。《集韵》綫韵：「綖，《説文》縷也。古從泉，或從延。」《後漢書·虞詡傳》：「以彩綖縫其裾爲幟。」絣，似當讀爲

「弁」，指馬冠，即馬髦上的飾物。《文選·張衡〈西京賦〉》「璿弁玉纓」，薛綜注：「弁，馬冠也，又髦以璿玉作之。」劉良注：「弁，馬纓冠也，皆以玉飾之。」天星觀簡屢記屬車馬器之類的「笲」（參看羅小華《戰國簡册中的車馬器物及制度研究》九九～一〇二頁），蓋與這裡「弁」是同一物品。結，從所處位置看，當與「弁」關係密切。包山遣册屢記「結幀」，竹牘寫作「結項」，疑「結」與「結項」同，屬馬飾帶，上落馬髦而繫結於馬頸下。

〔三〕箞，箁之繁體，指箭箙。《儀禮·既夕禮》「役器：甲、胄、干、箁」，鄭玄注：「箁，矢箙。」「雕箁」指彩繪矢箙。墓中出土二件木質矢箙，外表漆繪，紋飾精美。

〔四〕桰，疑讀爲「橛」，指馬橛。墓中出土二件形制、大小相同的木質馬橛。馬橛一端穿孔，横貫骨條，内側套有圓餅形革片，僅存漆皮。

〔五〕「周」下一字，左旁似從「革」，疑指套在馬橛上的圓形革片。

組之結〔一〕。鰊（貍）莫之□〔二〕。一八

【注　釋】

〔一〕結，疑指馬頸繫帶。

〔二〕「來」、「里」古音相近，《書·湯誓》「予其大賚汝」，《史記·殷本紀》作「予其大理女」。「鰊（貍）莫」蓋指貍皮，曾侯乙墓二、九、三六號簡和望山二號墓六、八號簡等又寫作「𪓿（貍）䫏（貘）」、「𪓿（貍）羣」、「𪓿（貍）莫」。

臼毻〔一〕，縞紃〔二〕。二組紃。一九

【注　釋】

〔一〕臼，疑讀爲「舊」。毻，疑讀爲「旞」。《左傳》文公九年「秦人來歸僖公成風之禭」，陸德明釋文：「禭，《説文》作裞。」「旞」是旌旗的一種，可用於車上。《説文》㫃部：「旞，導車所以載，全羽以爲允。」包山二七七號簡記有「一臼（舊）戠（旞），䋤（縢）組之迂（旍）」，「臼毻」蓋即「臼戠」異文。

〔二〕「縞」下一字原文右旁漫漶，疑是「縺」。此處簡文是對上文「臼毻」上裝飾物的説明，似是記旗上的繫帶。

☑□□。二□□□□紃〔一〕。一□☑二〇

【注　釋】

〔一〕「二」下一字疑是「王」。

☑……□之□□☑二一

二號墓竹簡釋文與注釋

【一】寨（雜）肰（然）之緐（緄）䊶（帶）〔一〕，一絑（朱）䊶（帶）〔二〕，二□鉤〔三〕。一革䊶（帶）〔四〕。一初（初）王絟（錦）之酓〔五〕，左右䉵（組）㪜（綴）〔六〕。一筧枳〔七〕，魯白（帛）之麾〔八〕，䉵（組）㪜（綴）四。一𣝗（瑟）〔九〕，䉵（組）紡紫縑之进絸〔一〇〕，䳭績〔一一〕。七筂□〼〔一二〕一

【注釋】

〔一〕寨，「集」字異體，這裡讀爲「雜」。《説文》衣部：「雜，五彩相會。从衣，集聲。」「雜然」疑指彩組織成。「緐」、「緄」音近相通。「緐」同「鯀」。《集韻》混韻：「鯀，人名，禹父也。通作緐。」「鯀」亦作「鯤」。《詩·齊風·敝笱》「其魚魴鰥」，王先謙三家義集疏：「三家『鰥』作『鯤』。」䊶，「帶」字異體。「緄帶」指色絲織成的束帶。

〔二〕朱帶，朱色組帶，用以束衣。

〔三〕「鉤」指帶鉤。該墓頭箱出土二枚錯銀鐵帶鉤，形制、大小相近，疑即簡文所記「二□鉤」，分别屬於上文「緄帶」和「朱帶」。衣帶與帶鉤應該是放在竹笥内隨葬的，頭箱出土有竹笥，多數朽爛，僅見痕迹。

〔四〕革帶，皮革縫製的束帶。

〔五〕初，「初」字異體。《説文》刀部：「初，始也。」絟，楚簡屢見，讀爲「錦」。王錦，錦名。「初王錦」疑與四號簡所記「索（素）王錦」義同，指本色織錦。酓，下部似從「臼」，右旁較模糊，疑爲「醓」字，讀爲「枕」。墓中出土枕一件，由竹質枕面和木質枕身組合而成。信陽二—〇二三號簡記有「一絟（錦）終楢（枕）」。

〔六〕䉵，簡文屢見，讀爲「組」。《文選·揚雄〈羽獵賦〉》「泰華爲旒，熊耳爲綴」，李善注：「綴，亦旒也。」《楚辭·招魂》「網户朱綴，刻方連些」，王逸注：「綴，緣也。」「左右組綴」似指上文「酓」兩端有組帶綴飾。

〔七〕《集韻》銑韻：「筧，竹名。」枳，疑讀爲「枝」，此似指杖一類物品。

〔八〕魯帛，魯地出産的絲帛，望山二號楚墓四八號簡記有「五魯白（帛）之嬰（篹）」。麾，疑讀爲「旄」，此處似指繫在杖首的絲織帶飾。下文「組綴四」疑指杖上的組帶綴飾。

〔九〕𣝗，「瑟」字異體。墓中出土漆木瑟一件，當即簡文所記「一瑟」。

〔一〇〕縑，細絹。《説文》糸部「縑，并絲繒也」，朱駿聲通訓定聲：「縑，即紡也，絹也，綃也。」进絸，疑與望山二號墓五〇號簡所記「阩𢆶（絶）」同，其由「組紡」和「紫縑」做成，可能是用在瑟上的束帶。

〔一一〕「䳭」字又見於九店五六號楚墓竹簡，此處似是對「績」的顏色説明。績，簡文數見。《説文》糸部：「績，織餘也。」《急就篇》卷三「承塵户𢅥條績總」，顔師古注：「績，亦條組之屬也，似纂而色赤。」從上下文看，此處「績」疑指囊袋之類的物品。

〔一二〕「筂」所從「迲」楚簡屢見，與「蹠」相通。

□血。一苦茉。一司（笥）肫斦〔一〕。一絨〔二〕。一會𠛬〔三〕。二戀。一革𠛬〔四〕。二魯白（帛）之綻〔五〕。一縞綻。一白（帛）

晃（冠）。一高（縞）晃（冠）。一⿰糹□緅𢃒（帶）。□□高（縞）𢃒（帶）〔六〕。二羽𧆨〔七〕，紫績〔八〕，上下䇂（綴）〔九〕。一絲紙之王𤨳（瑟）之縕譻（屨）〔一〇〕，纋（組）【䇂】（綴）。一絲紙紡縕譻（屨）。▨二

【注釋】

〔一〕軘斨，所指不明，疑是貝類飾品。

〔二〕䌞，疑讀爲「籭」。《集韵》紙韵：「籭，竹器。」

〔三〕會，疑讀爲「合」。䂓，疑讀爲「筈」，盛器之屬。《説文》竹部：「筈，栝筈也。」簡文「一合䂓」疑指墓中出土的一件帶蓋的漆木彩繪方盒。

〔四〕簡文「䂓」之下有標識，疑是合文，讀爲「栝筈」。《方言》卷五：「栝落，陳、楚、宋、衛之間謂之栝落，又謂之豆筥，自關東西謂之栝落。」墓中出土盒一件，帶蓋，盒身革質，盒底、蓋木質，疑即簡文所記「一革栝筈」。

〔五〕《玉篇》糸部：「紽，絲數也。」《詩·召南·羔羊》：「素絲五紽。」簡文「紽」當是器物名，疑讀爲「橐」，指囊袋。

〔六〕從辭例看，首字當是表示「縞帶」數量。

〔七〕𧆨，疑讀爲「觳」。「羽𧆨」又見於包山二五三號簡、仰天湖三一號簡。

〔八〕紫績，疑指包裹「𧆨」的絲織外套。

〔九〕簡文「上下」寫作合文。「上下綴」似指上文「紫績」的上、下皆有綴飾。

〔一〇〕紙，疑讀爲「底」，指鞋底。「王瑟」是絲織品名，用作鞋的面料。「譻」即「數」字。「縕譻（屨）」，安崗一號墓三號簡記作「縕縷（屨）」。

□□……▨三

□□。一羊□初（初）絟（錦）之績郙〔一〕。一緖（緄）纅〔二〕。二□之纋（組）䇂（綴）。十索（素）王絟（錦）之緥〔三〕，纋（組）䇂（綴）四。二金斤〔四〕，纋（組）□〔五〕。□三。【一】布□。一□□。四

【注釋】

〔一〕「初錦」似指本色錦。「郙」字亦見於包山簡，多用作宛地之「宛」。「績郙」疑是外套或囊袋之名。

〔二〕「纅」右旁所從即「親」字。

〔三〕「索（素）王錦」又見於包山二五四號簡。緥，疑爲「紳」字繁寫。《説文》糸部：「紳，大帶也。」

〔四〕斤，斧斤之屬。《説文》斤部「斤，斫木也」，段玉裁注：「凡用斫物者皆曰斧，斫木之斧，則謂之斤。」

〔五〕「纋」下一字疑爲「絅」。

□□□〔一〕。【十】□〔二〕。二□〔三〕，□□，□防□。四□𥻨（囊）〔四〕。二⿰龍□□〔五〕。二⿰龍□⿰豋□〔六〕。四⿰龍□□。一鍪⿰金□〔七〕。

二□□。二【金】□。二□【金】□〔八〕。一□【晉】。四【⿱羽夏】（組）【⿰㱿貝】（綴）。二□□□。五

【注　釋】

〔一〕首字疑是「一」、「二」之類的數字。

〔二〕「十」下一字疑是「⿷匚其」，同「箕」，竹容器。

〔三〕「二」下一字似從「匚」。

〔四〕「⿰米襄」上一字左旁似從「米」。

〔五〕「二」下一字，簡文數見，疑是「⿰音刀」字，讀爲「半」，表示容量。信陽二—〇一六號簽牌記有「鈞貹（重）八益（鎰）剖（半）益（鎰）一朱（銖）」，「剖」用作「半」。疑簡文「⿰音刀」即「剖」字。末一字似從「匚」，疑是銅籩一類的容器名。

〔六〕末一字疑當釋爲「瓠」，讀爲「壺」。

〔七〕「⿱畔金」從「畔」聲，疑讀爲「半」，表示容量。簡文「⿱畔金」、「釦」之間空隙較大，其間也可能有一字，表示「釦」的數量。

〔八〕「二」下一字疑是「食」。

丁家嘴楚墓竹簡

前言

江夏丁家嘴墓地位於武漢市江夏區山坡鄉境內，地處該鄉光星村十五組一南北長四百餘米，東西寬一百餘米，高出四周約八米的橢圓形臺地上。當時正在興建的武咸城際高速鐵路（江夏試驗段）以南北向從臺地中部穿過。墓地包含四座墓葬，南北兩兩并列，由北至南依次編號爲一號墓、二號墓、三號墓、四號墓。其中一號墓、二號墓與三號墓、四號墓南北相距約五十米，東西相錯約十米。一號墓、二號墓位於鐵路路基內，三號墓、四號墓位於鐵路東護坡上。爲保證工程順利進行，二〇〇九年五月底至六月上旬，武漢市文物考古研究所、江夏區博物館對一號墓、二號墓進行了搶救性考古發掘。

一號墓爲長方形豎穴土坑木槨墓，有斜坡墓道，平面呈「凸」字形，墓道東向，墓向爲八十八度。墓道殘長三·七、寬二·五五米，墓道底至坑底高二·五米，墓道坡度爲二十六度。現有坑口距臺地地表約六米，東西長六·四、南北寬四·五米，距坑底四·五米。土坑由上至下略向裡斜收至坑底，坑壁平整。坑內現存填土由上至下爲五花土、青膏泥。青膏泥距現坑口一·五米，由槨上至槨四周填至坑底。槨室東西長四·五、南北寬三·二五、高二·二五米。墓箱室間無擋板，尸骨無存。一號墓爲一槨一棺三箱，早年被盜，盜洞打穿至棺室東南部。南箱爲器物箱，西箱隨葬一陪棺。主棺爲弧形懸底，長二·四二、寬一、高〇·七六米，棺外縱兩道、橫三道麻繩捆扎，用木楔楔緊。陪棺爲長方形，長一·八二、寬〇·四四、高〇·四六米，棺底內鋪竹席。

由於早年被盜，墓內出土隨葬品數量不多且有殘損，其中棺室出土少量銅箭鏃和漆木器；西室出土有少量陶罐、竹筒、木梳等；南箱出土隨葬品略多，主要爲車馬器、仿銅陶禮器、樂器、漆木器以及玉璧等。棺室東部發現殘斷竹簡一枚。據墓葬形制及隨葬器物特徵，初步推斷一號墓的年代爲戰國中晚期。

竹簡殘長十·五、寬〇·八、厚〇·一厘米。現存七個字（含殘字）及標識符號一個，內容爲遣册。

二號墓也是長方形豎穴土坑木槨墓，有斜坡墓道，平面呈「凸」字形，墓道東向，墓向爲八十八度。墓道殘長四、寬二·二米，墓道底至坑底高爲三·四五米，墓道坡度爲十九度。現有坑口距臺地地表約六米，東西長七·二、南北寬五·五米，距坑底四·九米。土坑由上至下略向裡斜收至坑底，坑壁平整。坑內現存填土由上至下爲五花土、青膏泥。青膏泥距現坑口一·九米，由槨上至槨四周填至坑底。槨室東西長四·七、南北寬三·六五、高二·五五米。墓箱室間無擋板，尸骨無存。二號墓爲一槨一棺五箱，東、南、西、北四箱爲器物箱，中爲棺室。棺爲弧形懸底。棺蓋頂部南北兩側對稱各三個、東西對稱各兩個有缺口，爲捆縛棺木固定繩索用。

二號墓保存狀况相對較好，隨葬品主要有漆木器和仿銅陶禮器。漆木器主要爲鎮木獸、虎座鳳鳥鼓架、扁圓鼓、豆、盒、弓、車傘、耳杯、梳、臥鹿、案、勺等，仿銅陶禮器爲鼎、豆、壺、鈁、敦、罐、勺等。竹簡分兩處置放，其中槨蓋上的竹簡是卜筮祭禱記録，棺室内的竹簡爲遣册。

卜筮祭禱記録的事主主要是「婁君」，或疑還有「夫人」，「婁君」可能是二號墓的墓主。二二號簡載有一條大事紀年「秦客虩戎蹠楚之歲」，二號墓的絶對年代當與這個紀年相去不遠。依據墓葬形制及隨葬器物特徵，初步推斷二號墓的年代爲戰國中晚期。

出土時的卜筮祭禱記録共編號七十四個，遣册共編號二十五個。竹簡兩端均爲平端。字迹相對清晰，但殘斷較爲嚴重。文字絶大部分書寫在竹黄面，不留天頭地脚，卜筮祭禱記録中有少量文字書寫於竹青面。竹青面多數未經修治，不少竹簡還可見原始的青緑色，有的竹簡背面竹節尚完整保留，少量竹簡簡背有竹席殘片粘連、附著。

整理後的卜筮祭禱記録編號四十五個，共計約四百九十字，其中一枚是完整簡，兩枚竹簡背面書有文字，五枚爲無字殘簡，應是有字簡書寫剩餘的空白。完整簡長四十八・三厘米。簡寬〇・七～〇・八五厘米，厚〇・一～〇・二厘米。兩個契口，多呈三角形。上契口距簡首十一・二厘米，下契口距簡尾十一・六厘米，上下契口之間相距約二十五・四厘米。契口處編繩爲正背兩道纏繞，少量編繩壓住字迹。大部分簡的字距較疏、字迹較大、筆畫略粗。部分簡文是刮削後再次書寫，有的因刮削不徹底而留有墨迹，還有因刮削後空白不夠，而抄寫文字細密的情况。此外有一種較爲纖細的字體，如五、一六、一九、二〇、二三、三四、三六等號簡，字體明顯與其他簡不同。兩枚簡背書寫的文字也屬於此種字體。

卜筮祭禱記録可分爲卜筮記録（一～二二號）、祭禱記録（二三～三〇號）和其他（三一～四五號，含無字簡）三類。卜筮簡在日期之後記録貞人、卜筮工具、卜筮緣由等，所擬定的祭禱通常没有具體時間（至多有「擇良日」之類），或又言「恒」、言「吉」。祭禱簡在記録日期和緣由（如「婁君之瘠之故」）之後直接説祭禱内容，没有卜筮記録。無法區分卜筮或祭禱的簡歸爲「其他」。由於這批竹簡殘缺過甚，大都上下文不明，我們的劃分不一定符合事實，僅供參考。

簡文提到的月份有九月、爨月、獻馬之月，中間缺十月，基本是相連的幾個月。貞人有黄戭棤、鄦脂、巫戓、巫苛卬、大卜，其中黄、鄦二氏貞人又見於望山楚簡、包山楚簡、天星觀楚簡、葛陵楚簡，而以巫和大卜爲貞人則屬首見。卜筮工具有御筮、寶豕、大龗。祭禱方式有嬰禱、一禱、禱保、又禱、遊巫、賓[illegible]等。祭禱對象有五世王父王母、四世王父王母、三世王父王母、親父、先大夫、□之母、⿰𧾷匋子之□、坪山、大水、二堪、⿰礻甚、私巫、社等。祭禱用品有戠冢、戠豢、戠牛、肥豲、肥䐗、豬、⿰豸占、酒食、衣裳、佩玉等。

整理後的遣册編號十五個，共計約二百一十字，其中完整竹簡一枚、無字殘簡二枚。完整簡長約四十七、寬約〇・八、厚〇・一～〇・二厘米。兩個契口，多呈三角形。上契口距簡首約十厘米，下契口距簡尾約十一・九厘米，上下契口之間相距約二十五厘米。契口處編繩爲正背兩道纏繞，書手在書寫時，應是注意到契口位置，有意識地對編繩進行了避讓。字迹較小、筆畫略細，并呈現向左下傾斜的現象，與卜筮祭禱記録的字體明顯不同，不是出自同一書手。部分簡簡面有磨損，導致部分字迹模糊不清，筆畫有脱落。

遣册所記有車器、樂器及其他禮器、生活用器等。部分内容可與曾侯乙墓竹簡、望山二號楚墓竹簡、信陽一號楚墓遣册等對比。由於墓葬出土實物尚在整理之中，遣册記録與出土實物的對照工作有待進一步展開。

一、二號墓竹簡先後獲取紅外拍攝、彩色常規、紅外掃描三套圖像，每套圖像的效果各有優劣，這次全部予以公布。原大圖版采用常規、紅外掃描和拍攝全部三套圖像（卜筮祭禱記録三一號簡缺紅外掃描），放大圖版中遣册采用紅外掃描圖像、卜筮祭禱簡采用紅外拍攝圖像，縮小圖版采用常規照片。

竹簡現藏於武漢市文物考古研究所。

丁家嘴楚墓竹簡原大圖版

一號墓竹簡

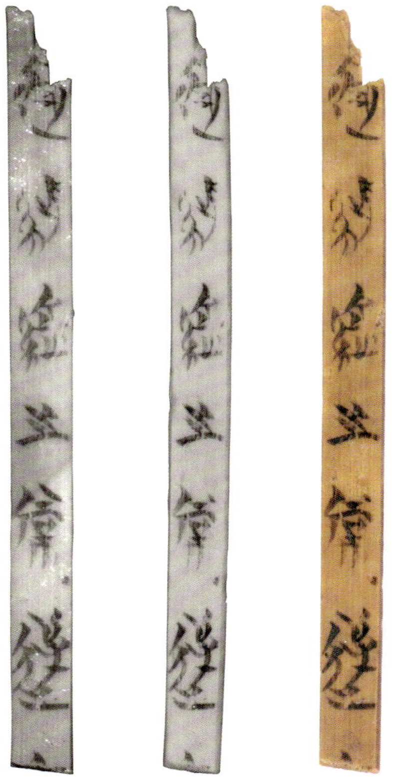

一

二號墓竹簡

卜筮祭禱記録

一

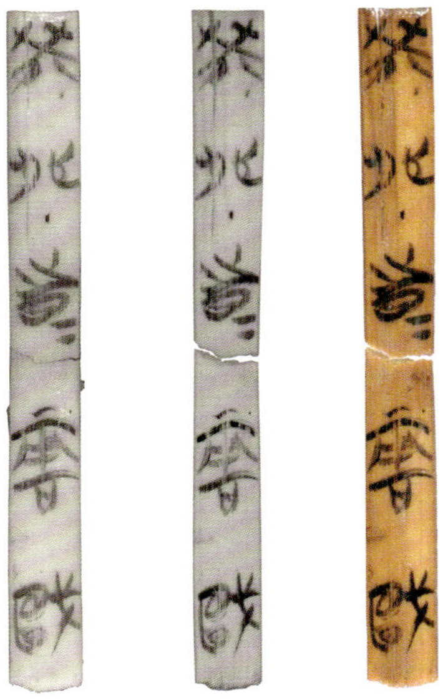

二

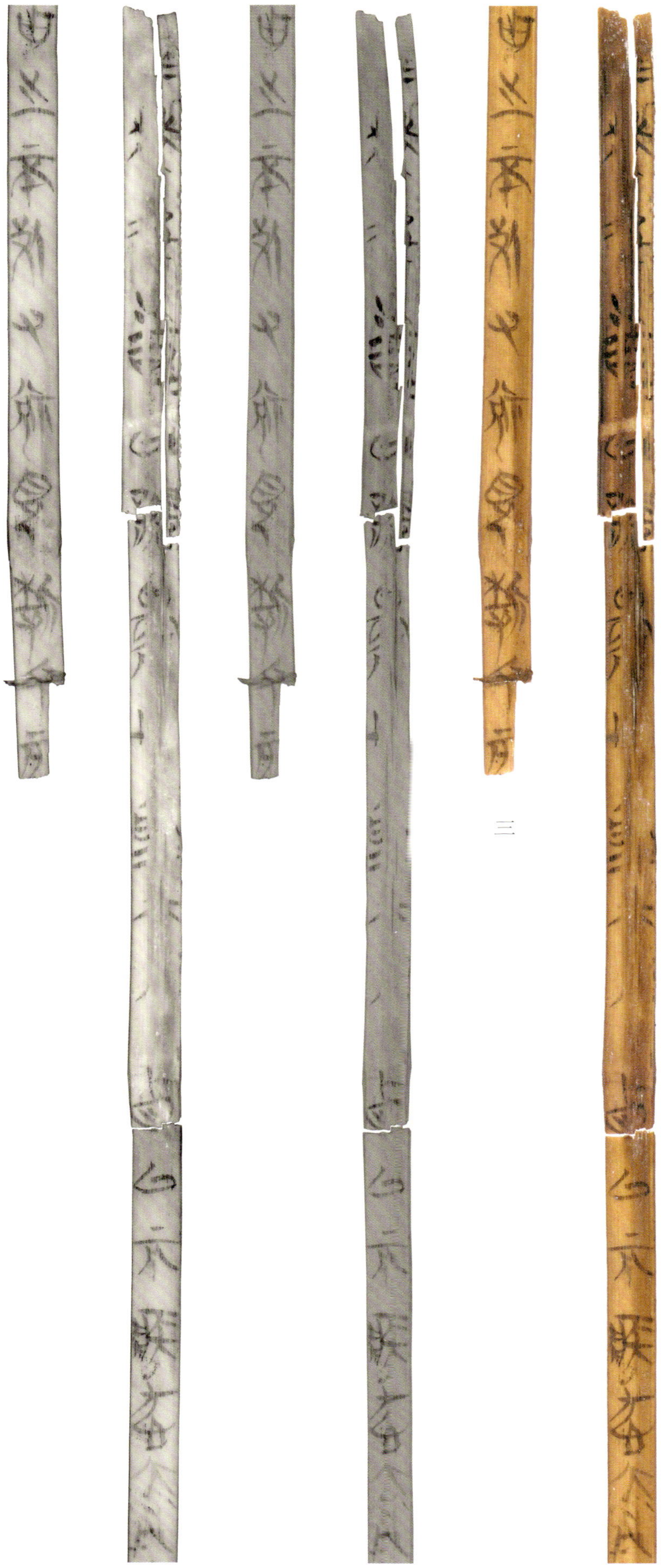

三

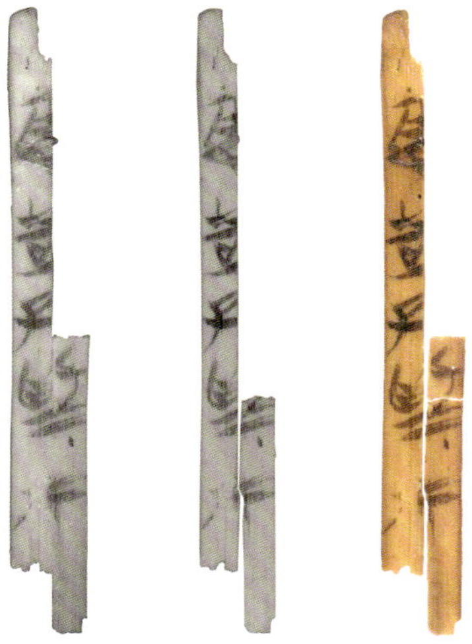

四

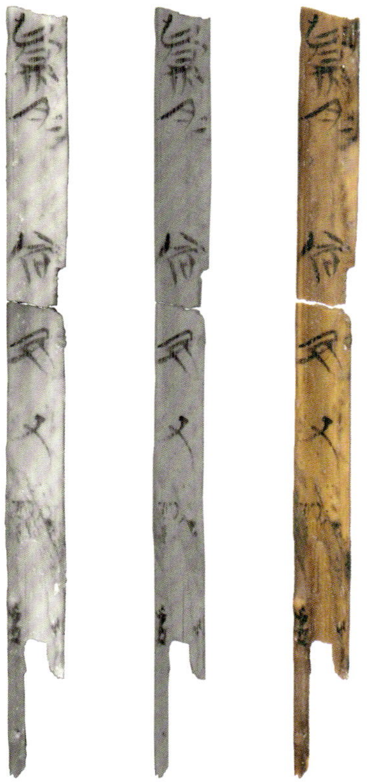

五

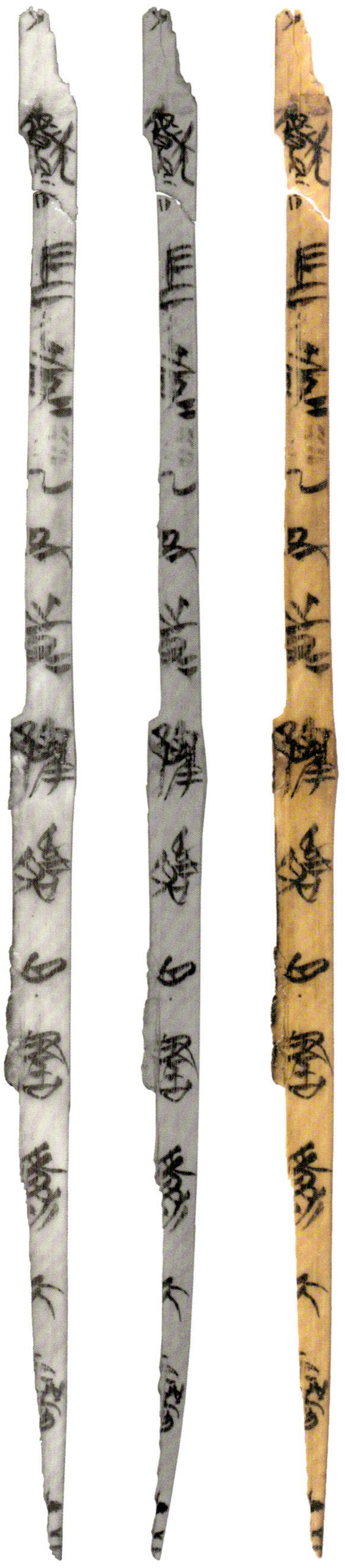

六

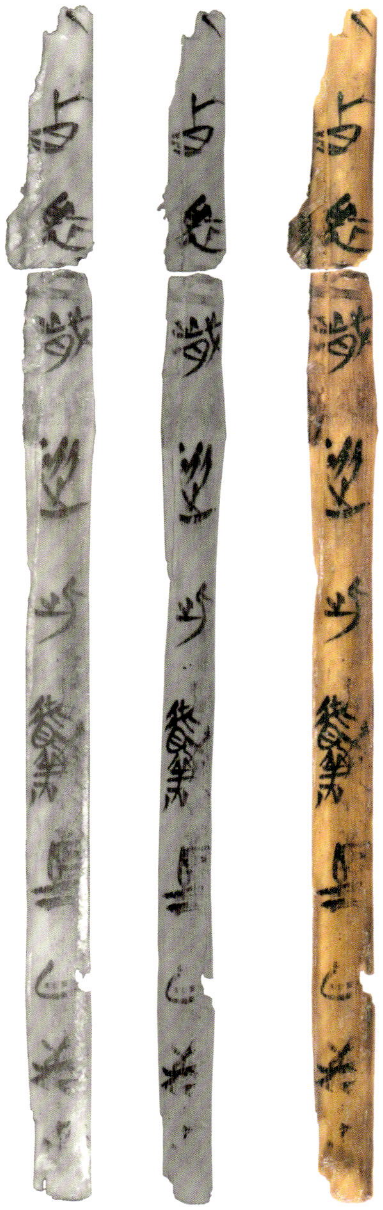

七

九

八

一〇

二

二

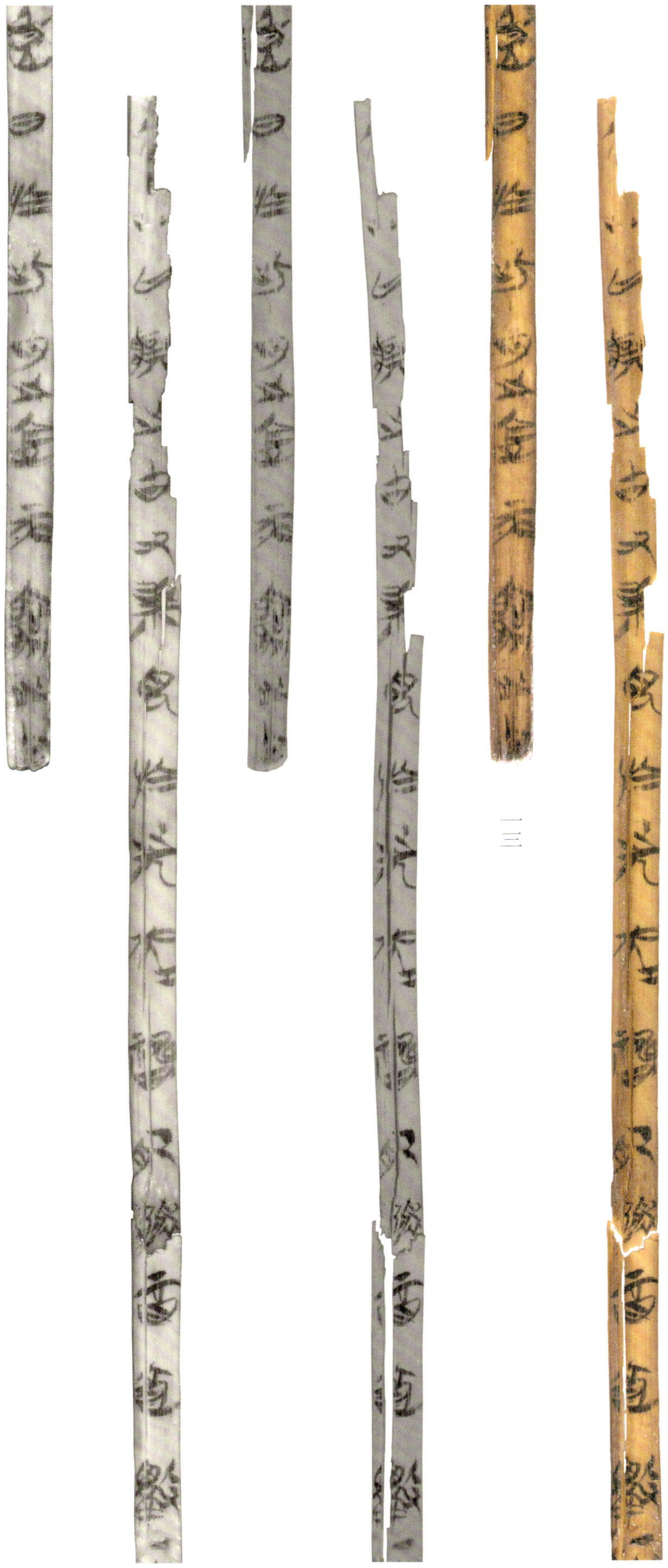

一三

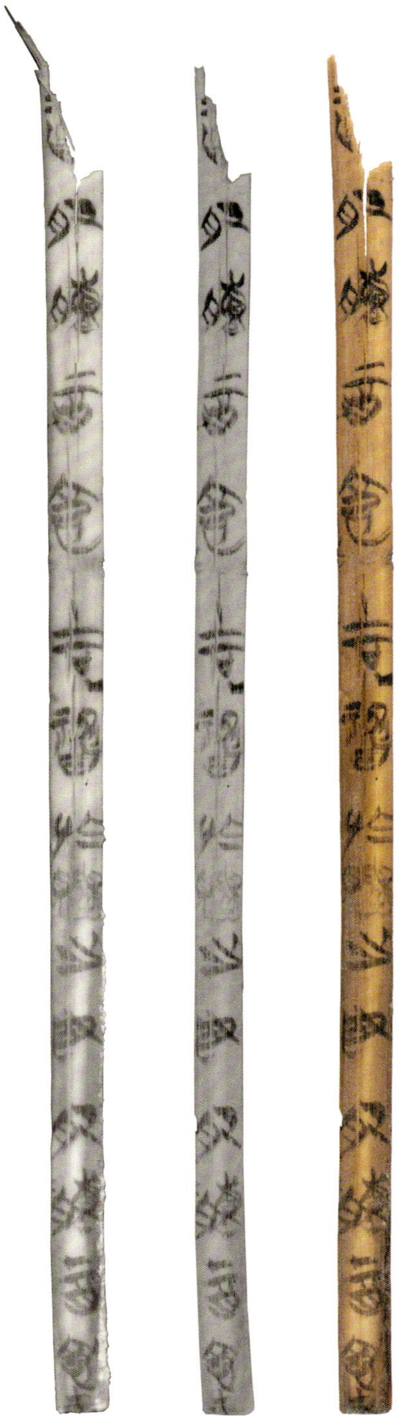

一四

一五

一六

一七

一八

一九

二〇

二一

三

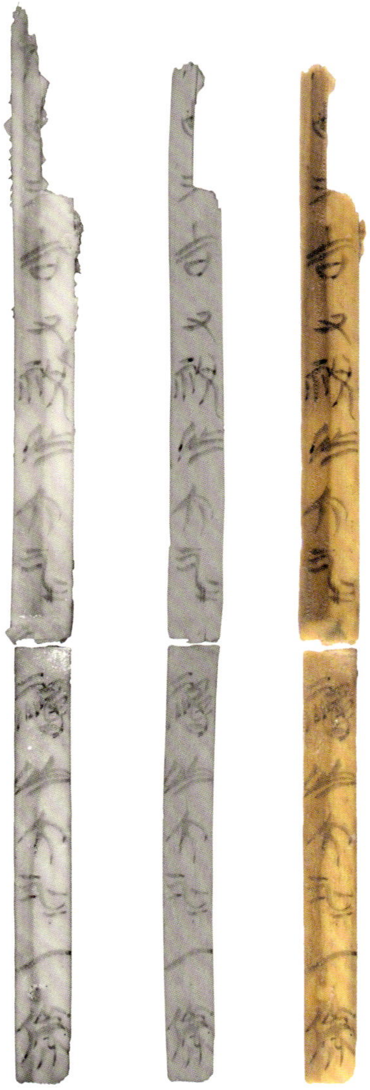

二背

二三

二四

二五

二六

二七

二八

二九

三〇

三〇背

三一

三二

三三

三四

三五

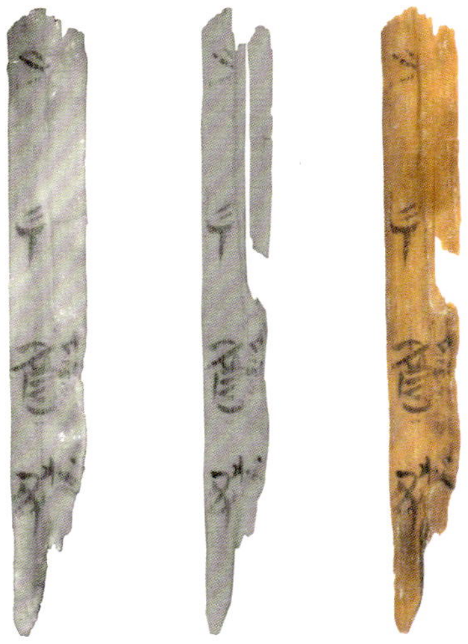

三六

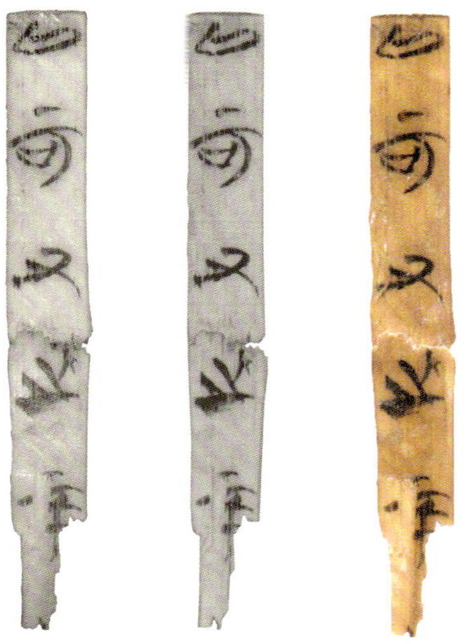

三七

三八

三九

四〇

遣册

一

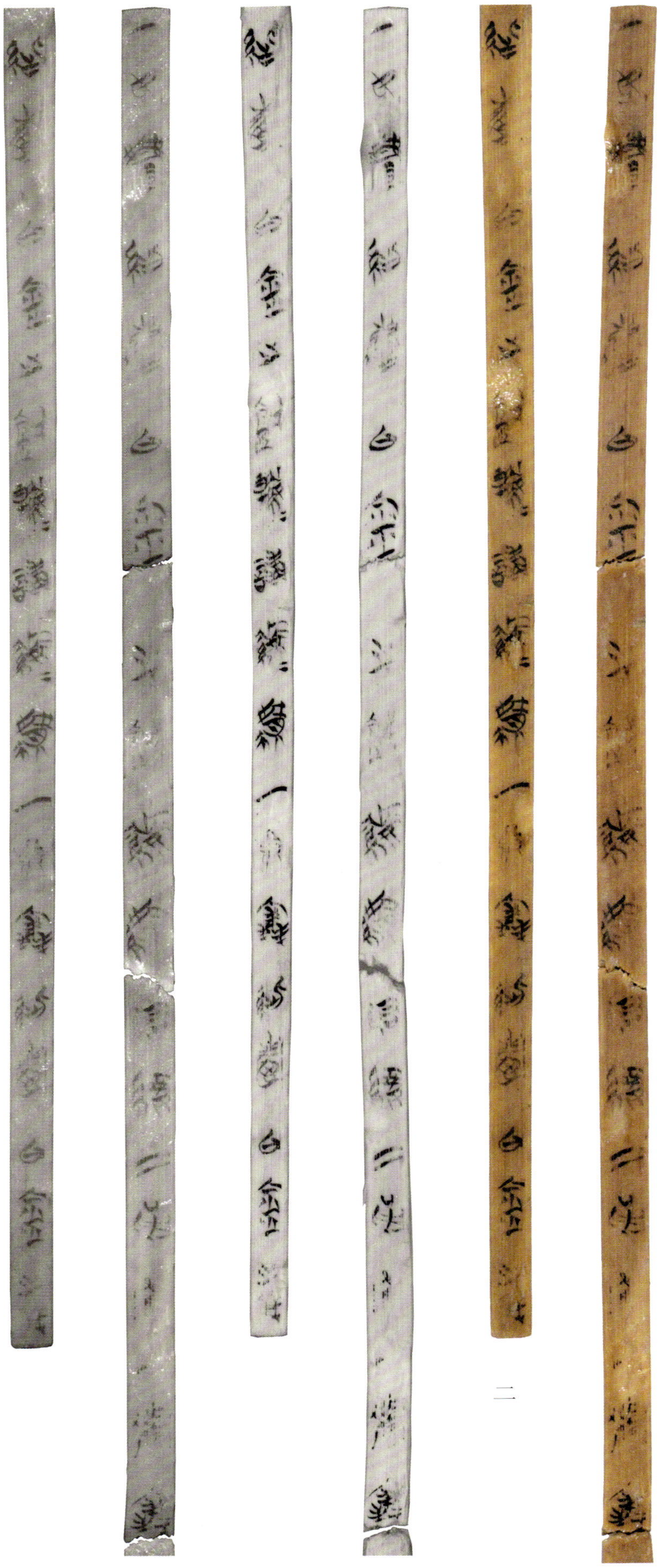

二

三

四

五

六

七

八

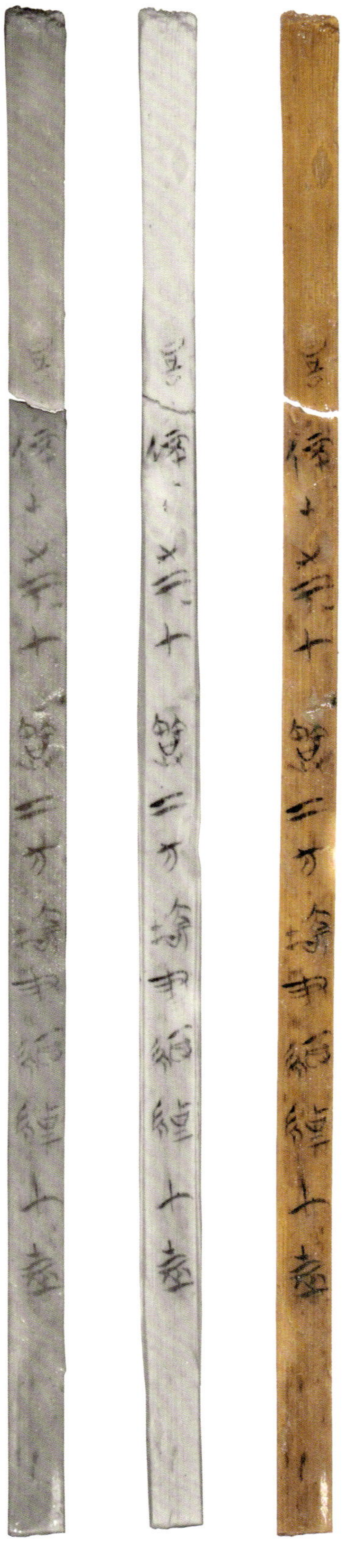

九

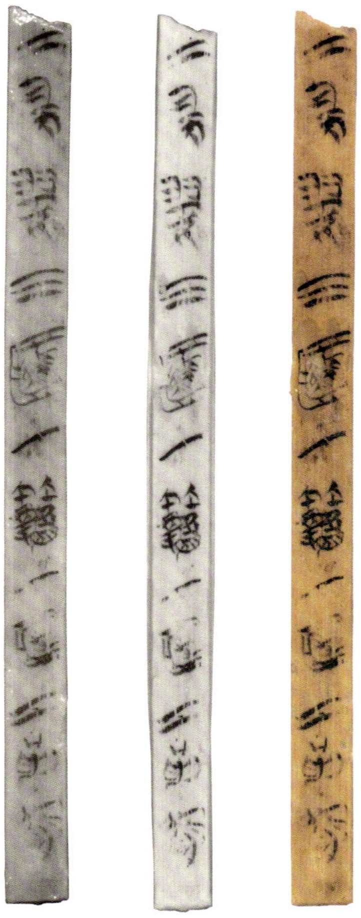

一〇

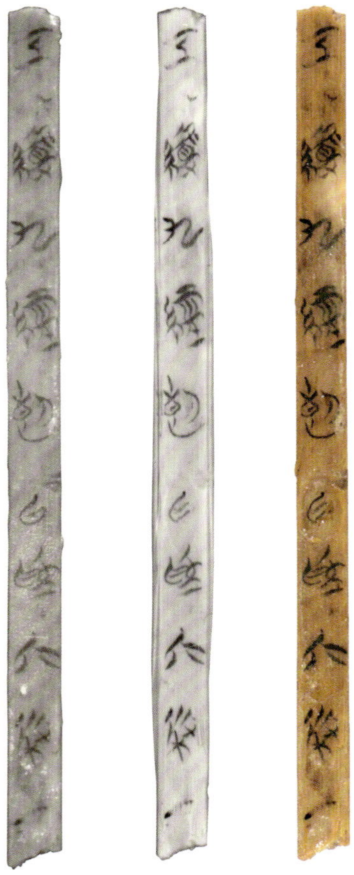

二

三

一三

丁家嘴楚墓竹簡放大圖版

（圖像放大約兩倍）

一號墓竹簡

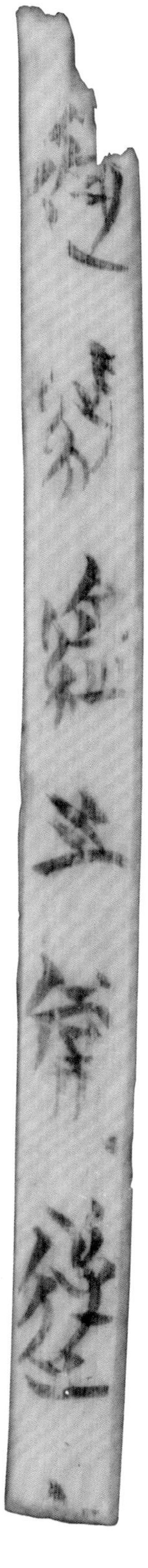

一

二號墓竹簡

卜筮祭禱記録

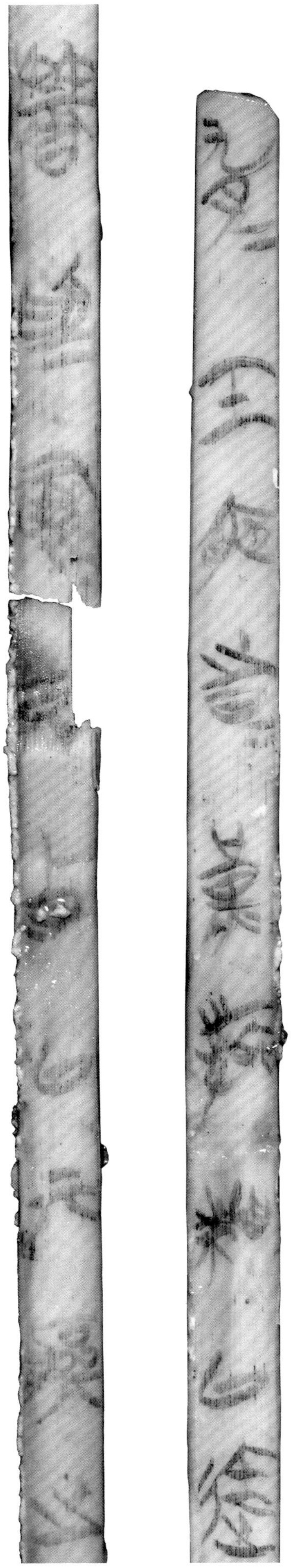

一

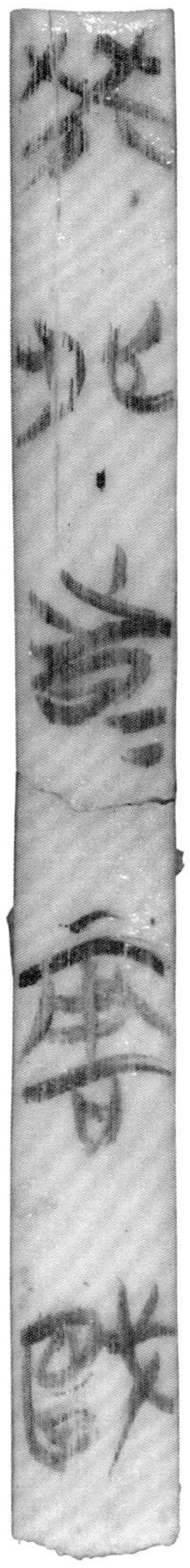

二

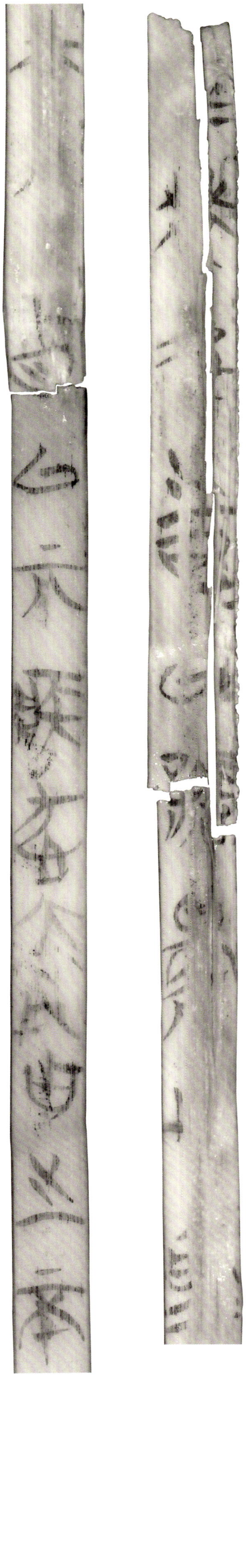

三

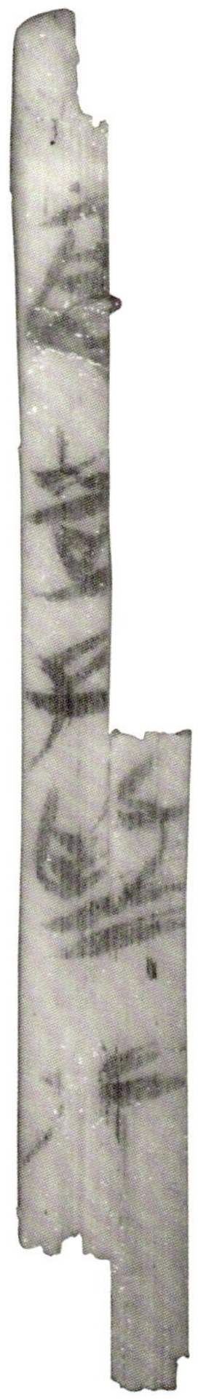

四

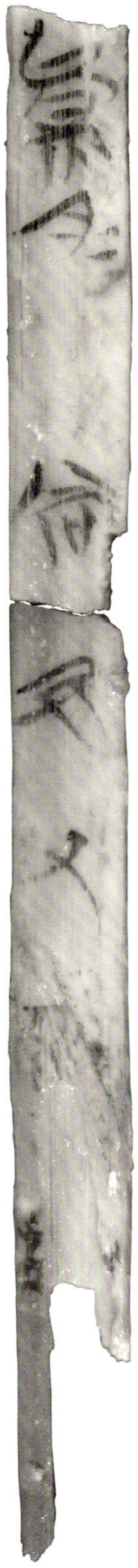

五

八

七

六

一〇

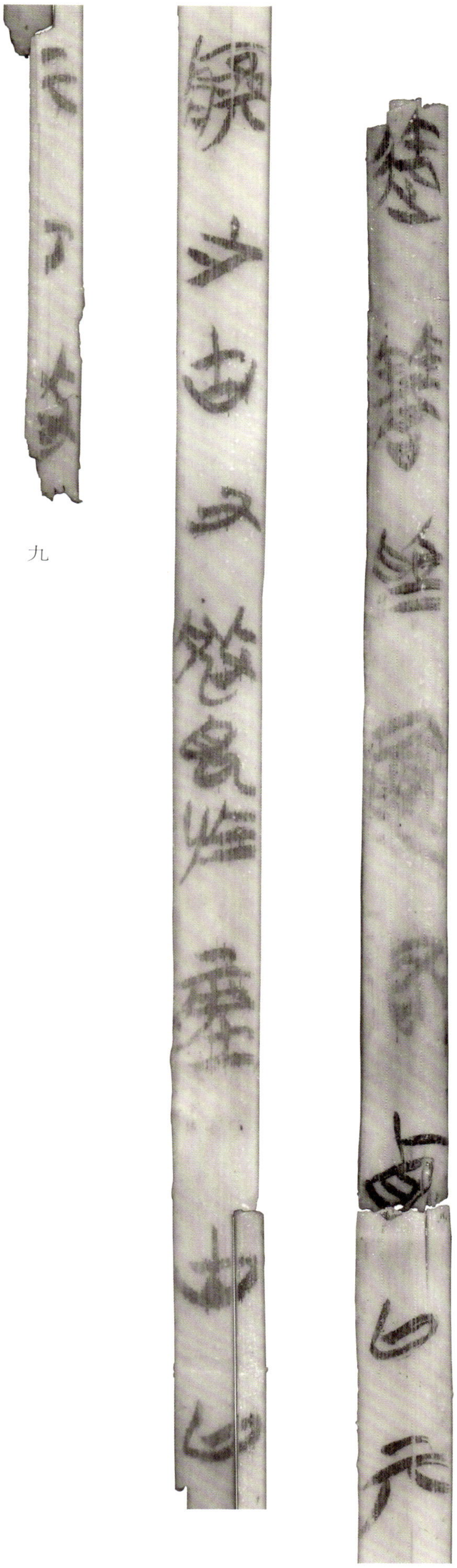

九

二

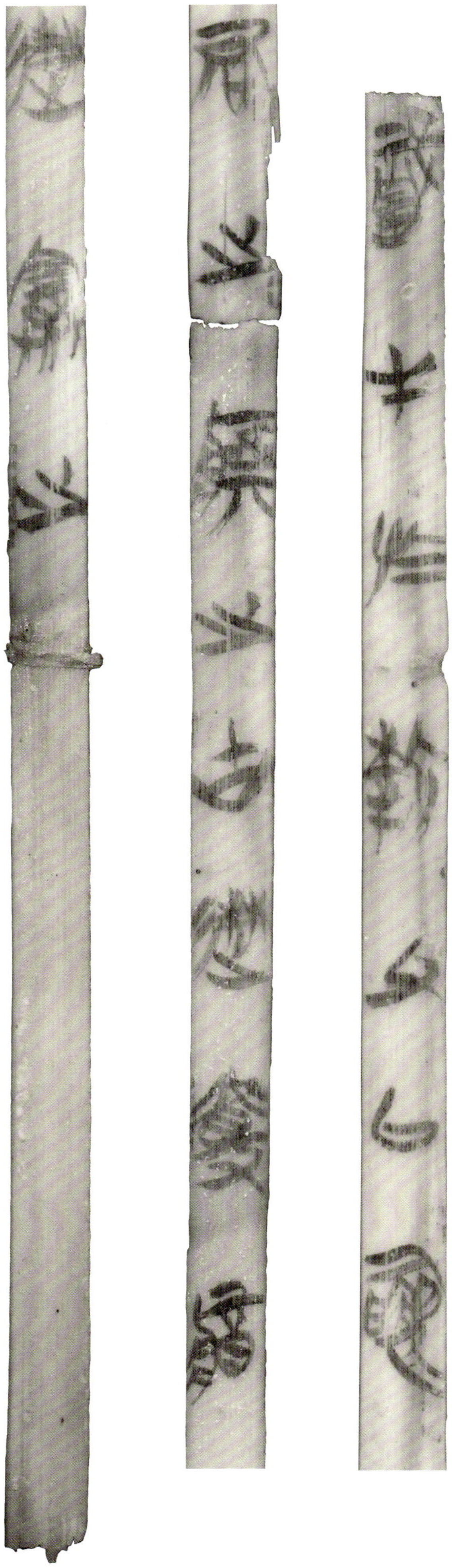

三

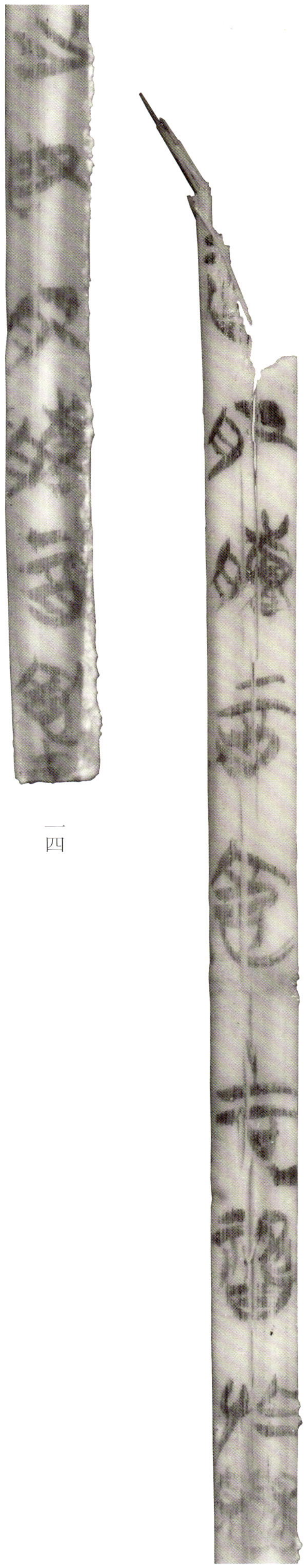

一四

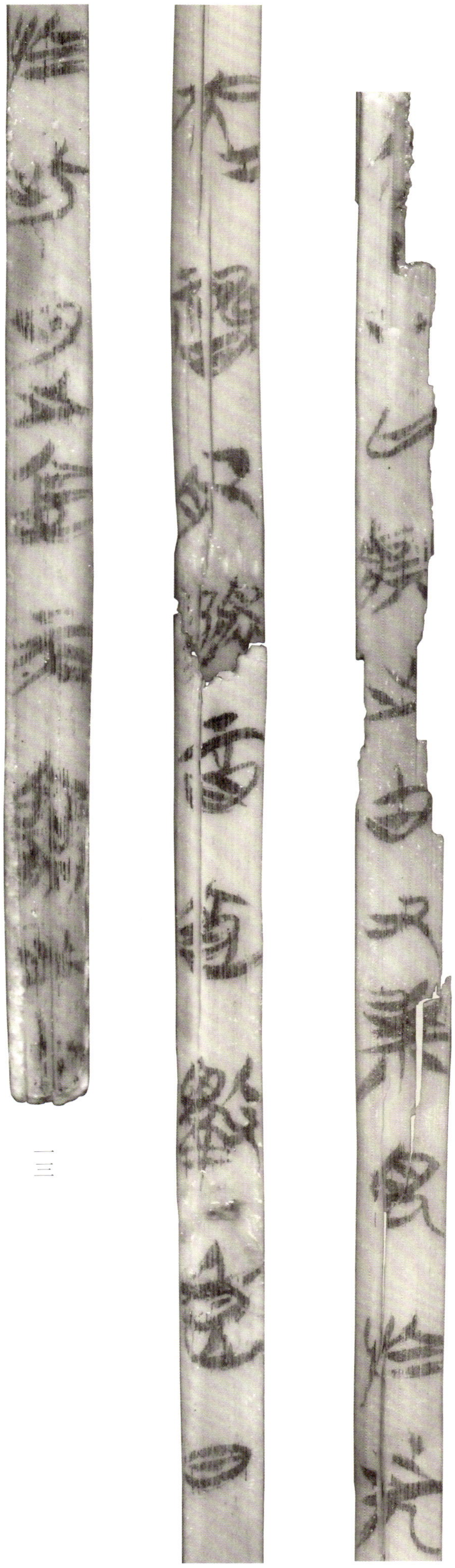

一三

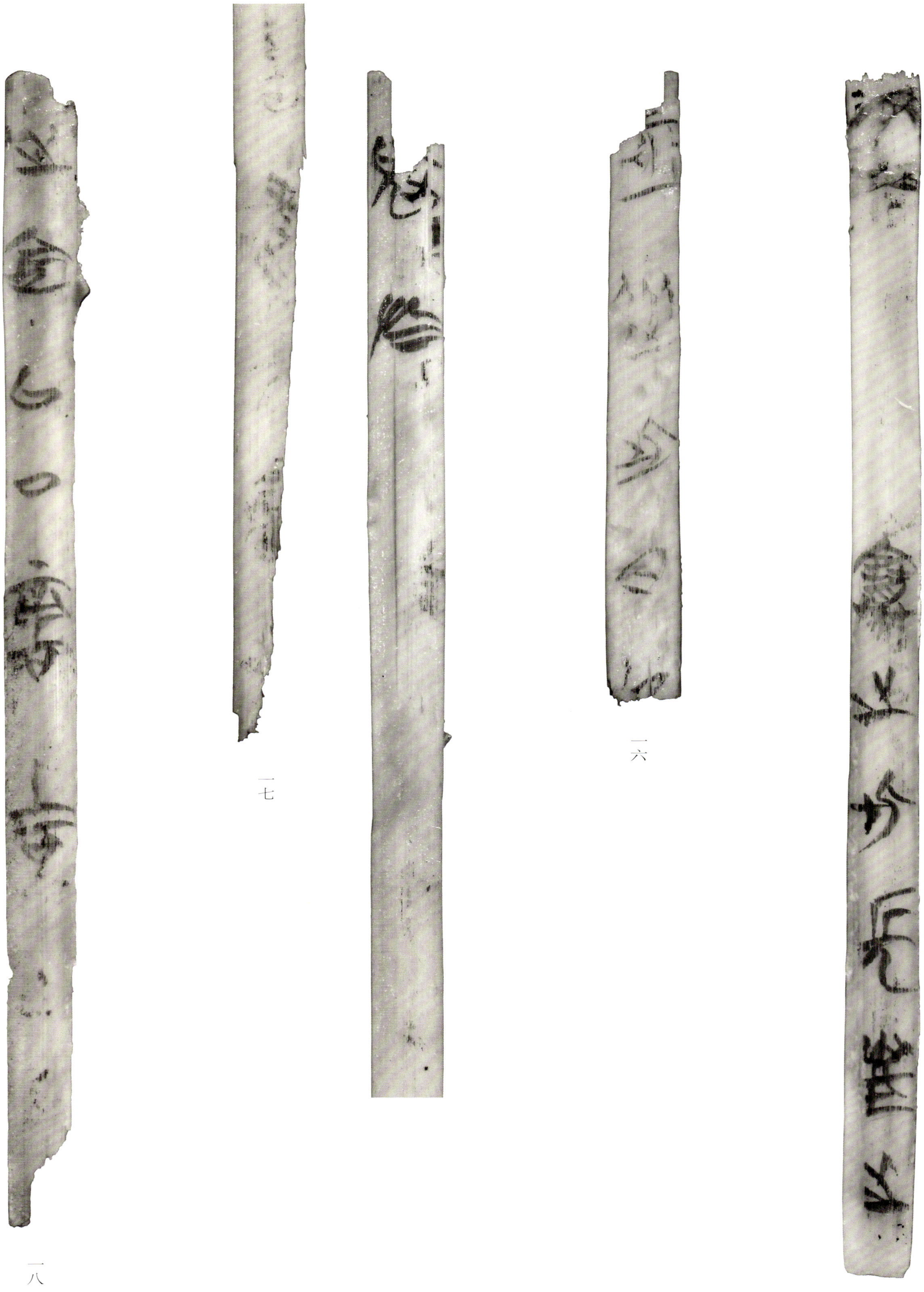

一五

一六

一七

一八

二一

二〇

一九

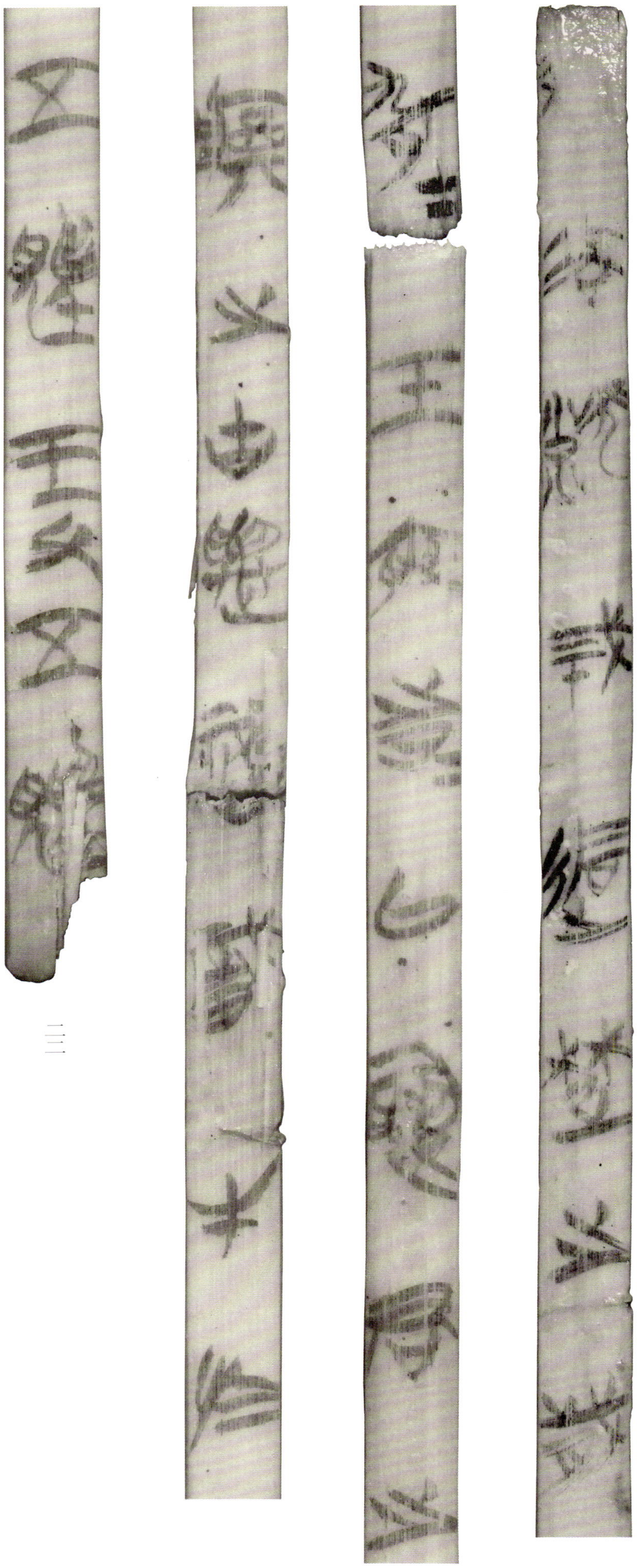

三

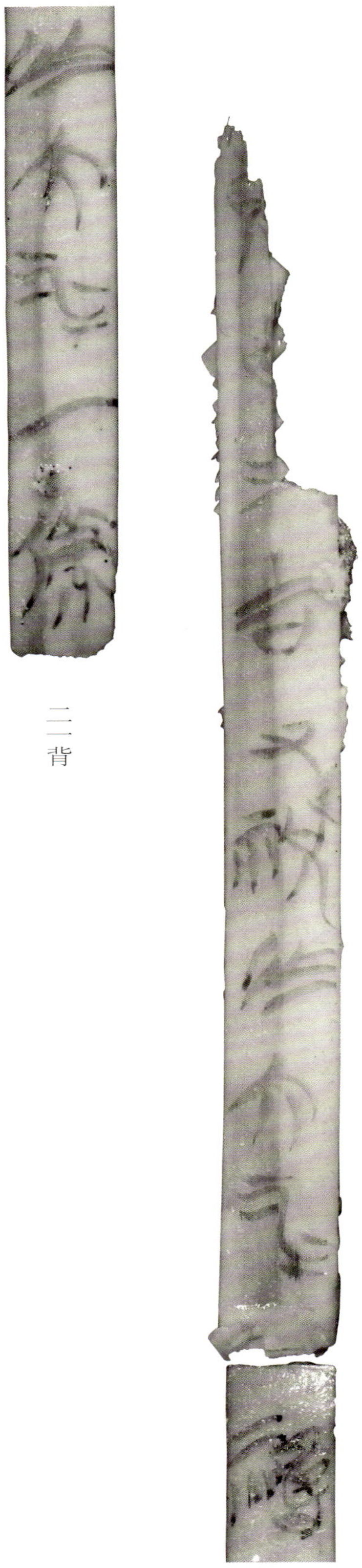

二背

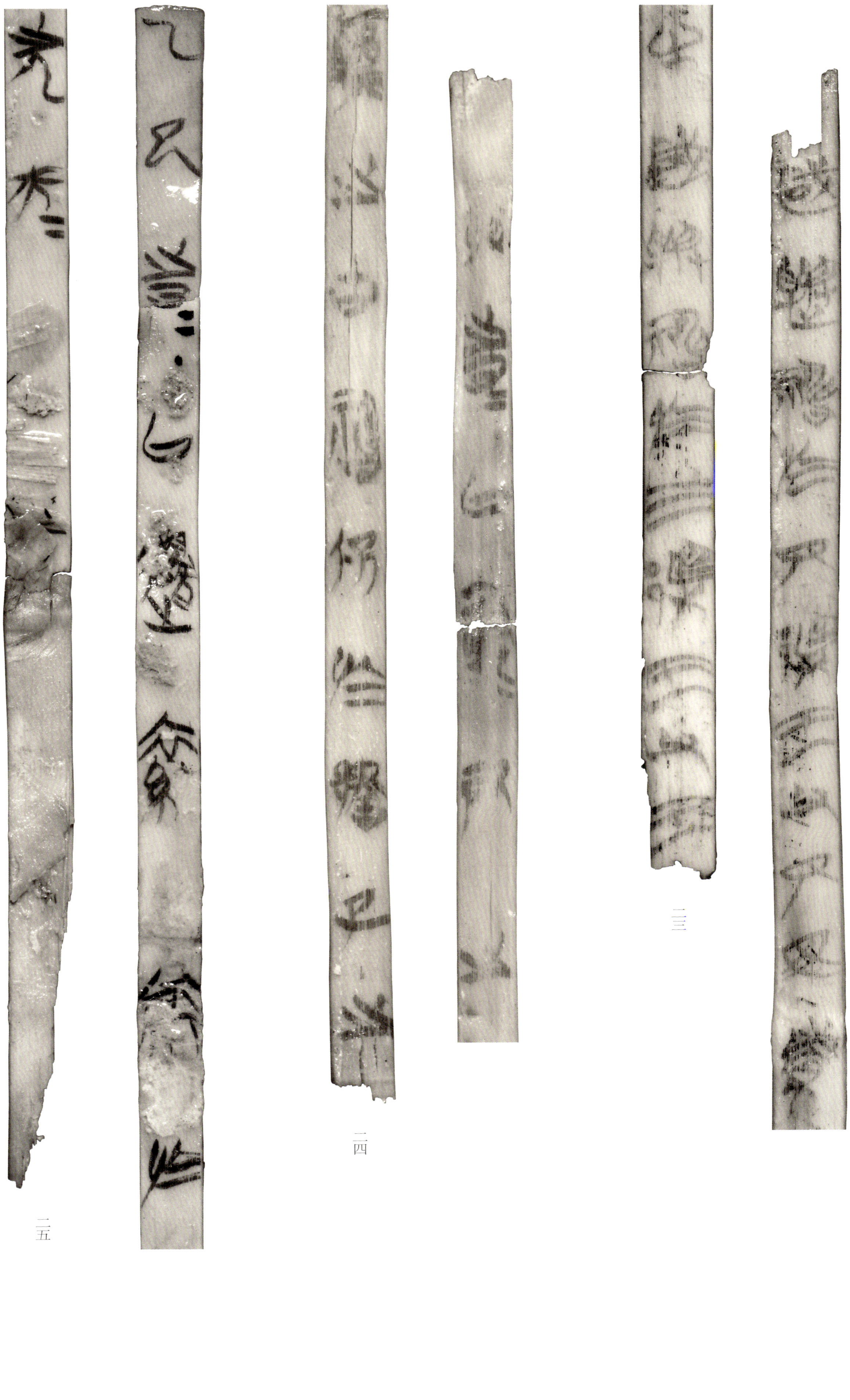

二五

二四

二三

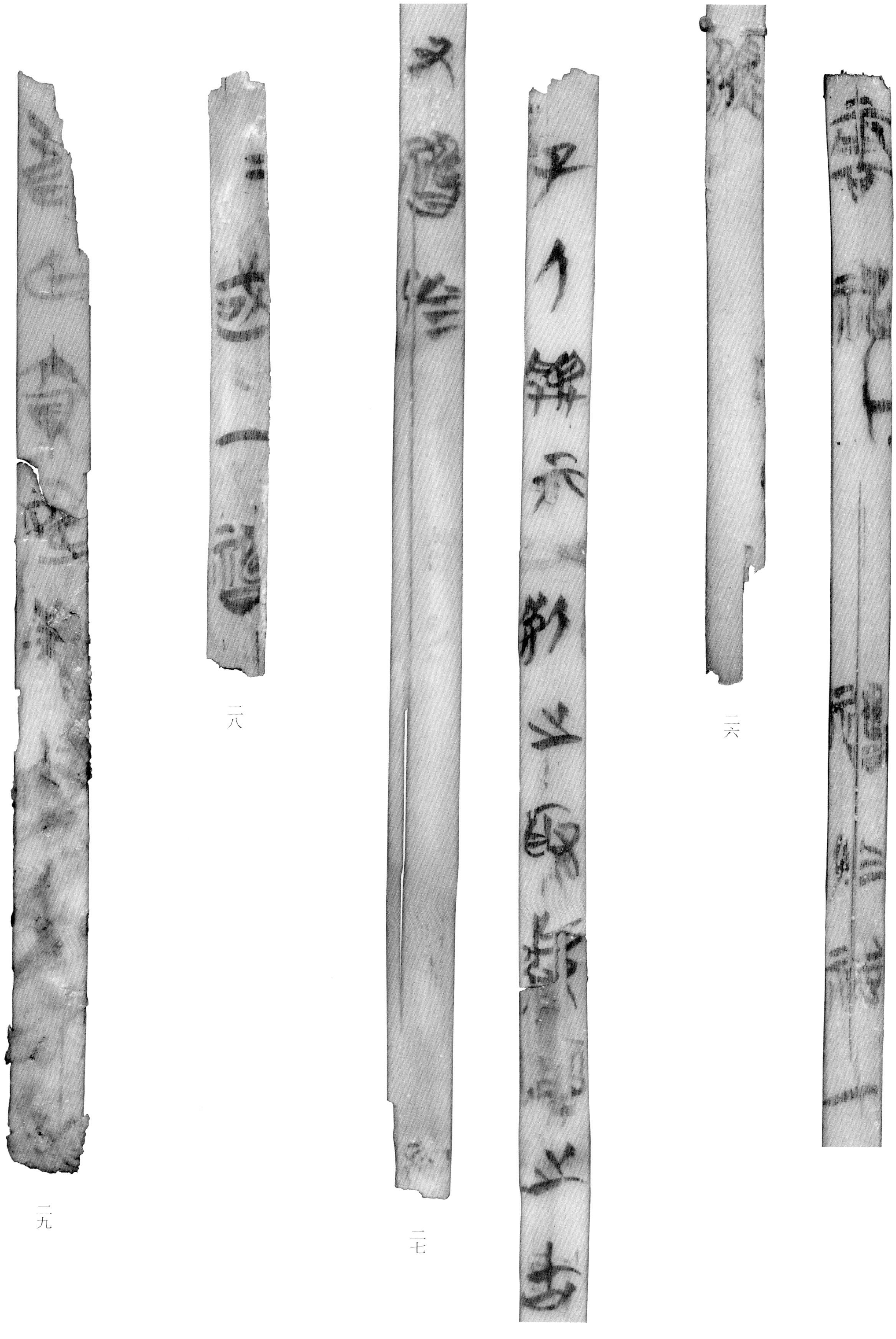

二九

二八

二七

二六

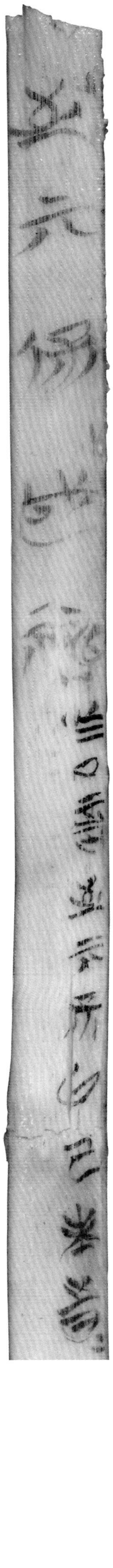

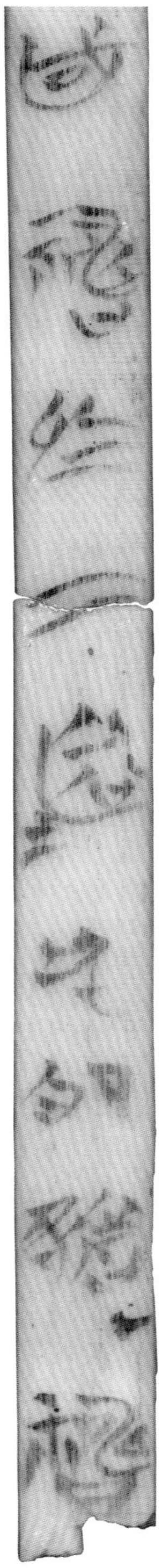

三〇

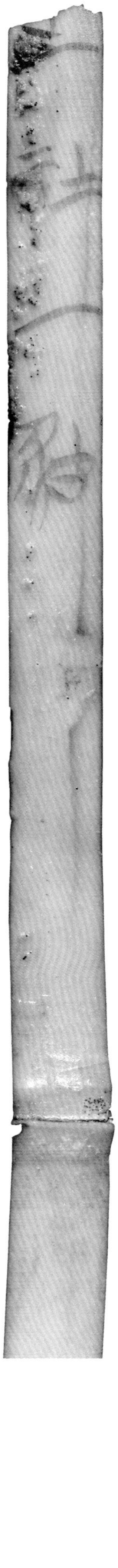

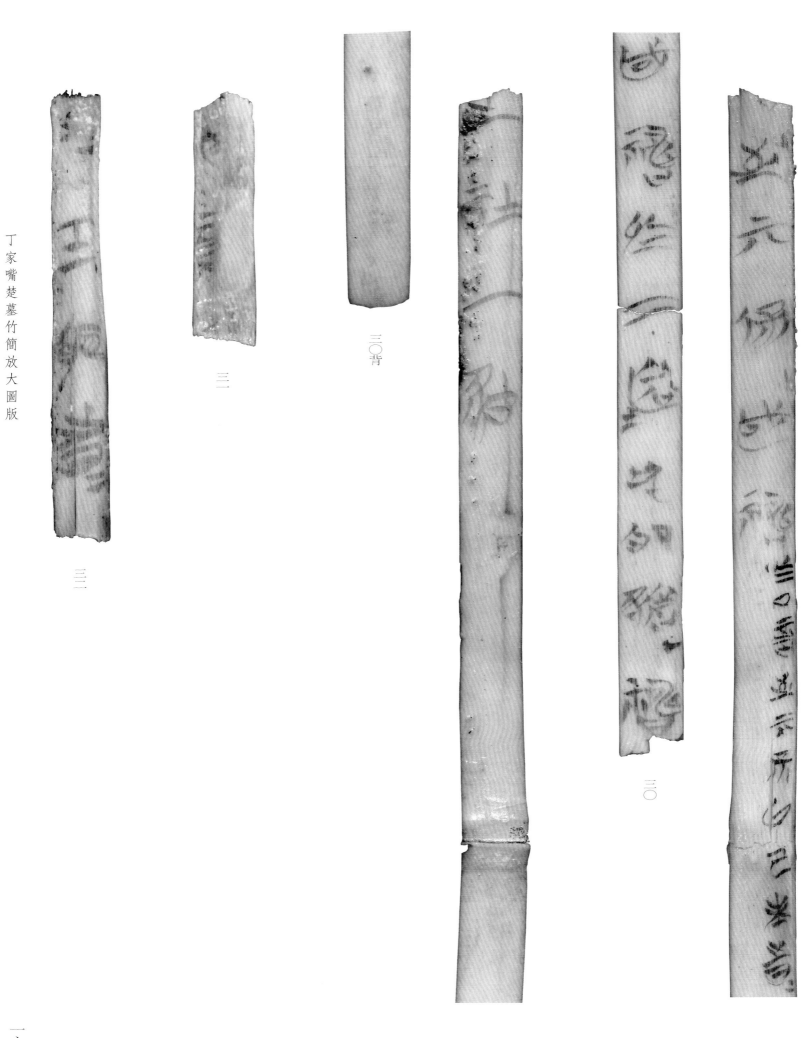

三〇背

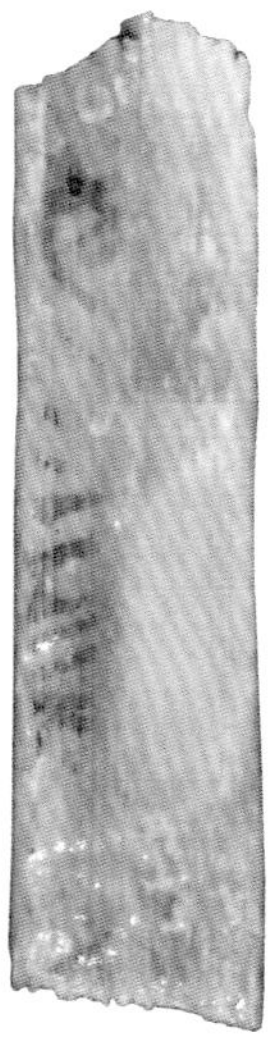

三一

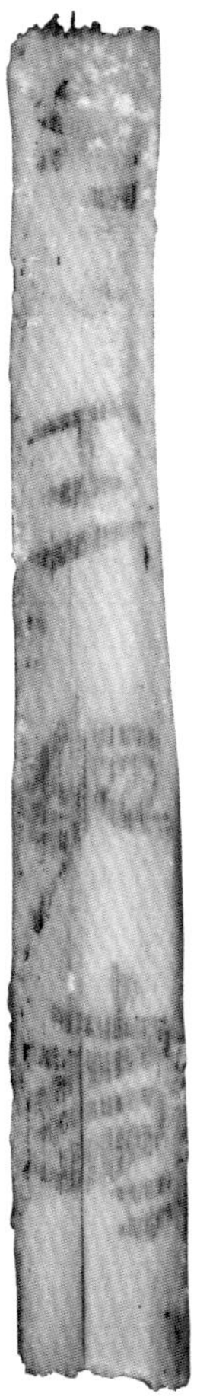

三二

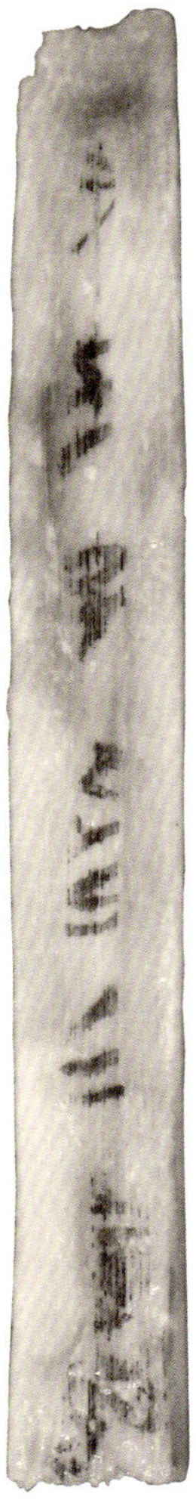

三三

三四

三五

三六

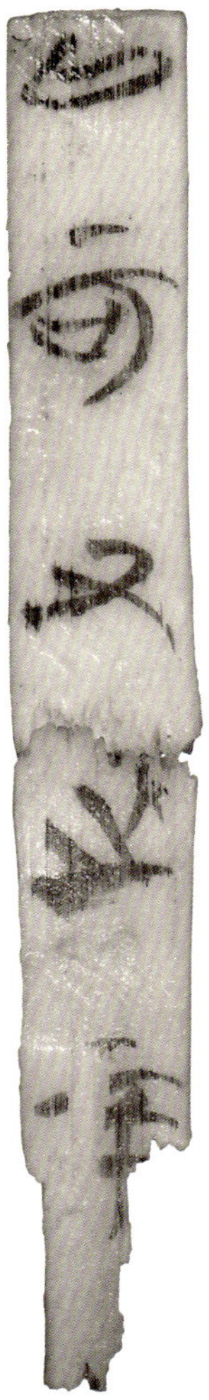

三七

三八

三九

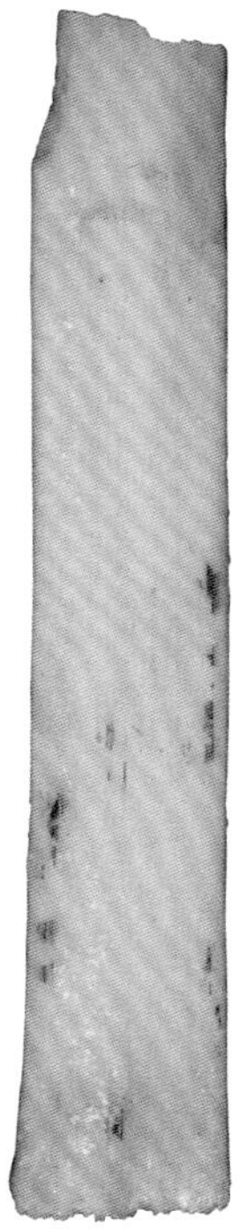

四〇

遣册

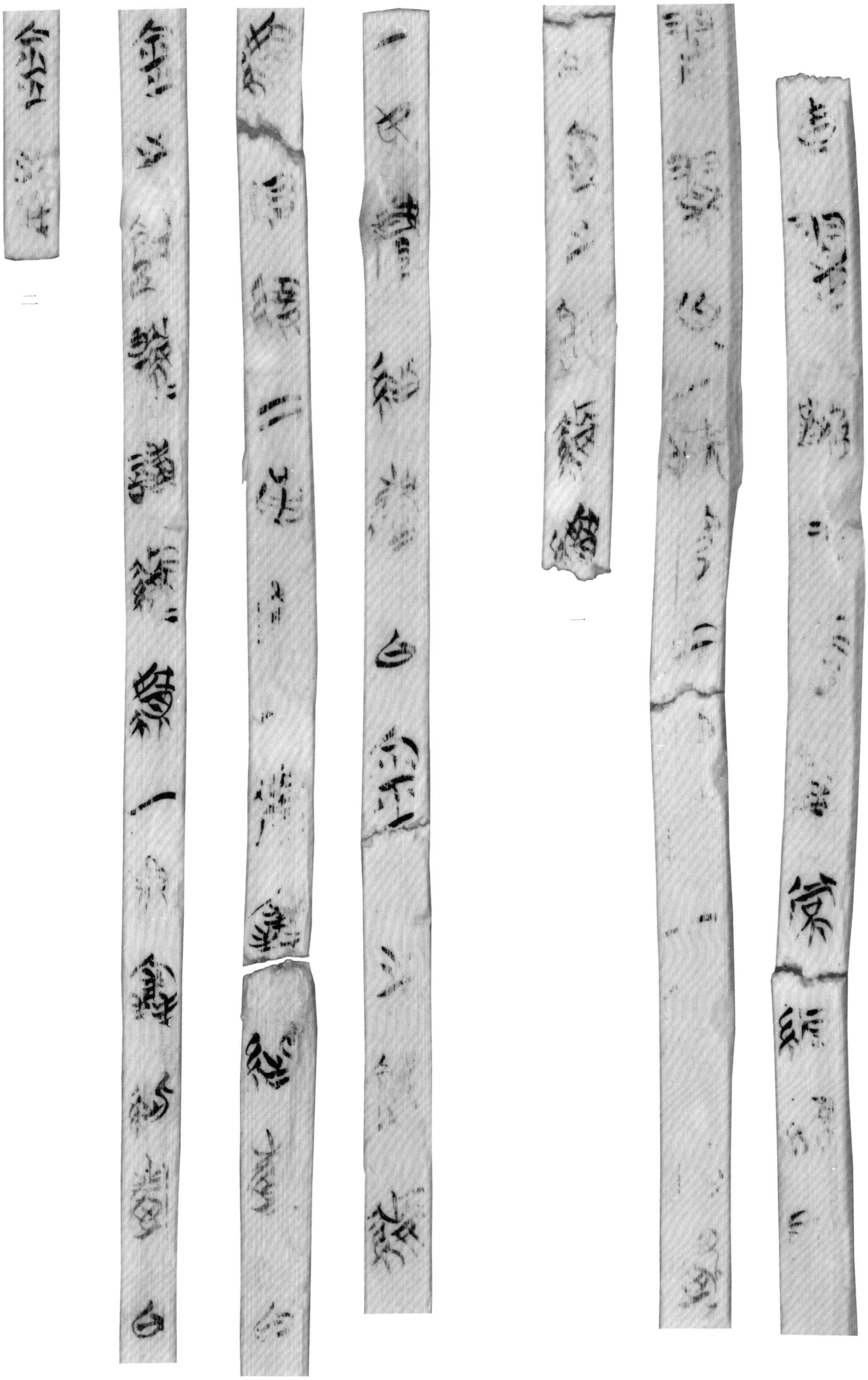

二

一

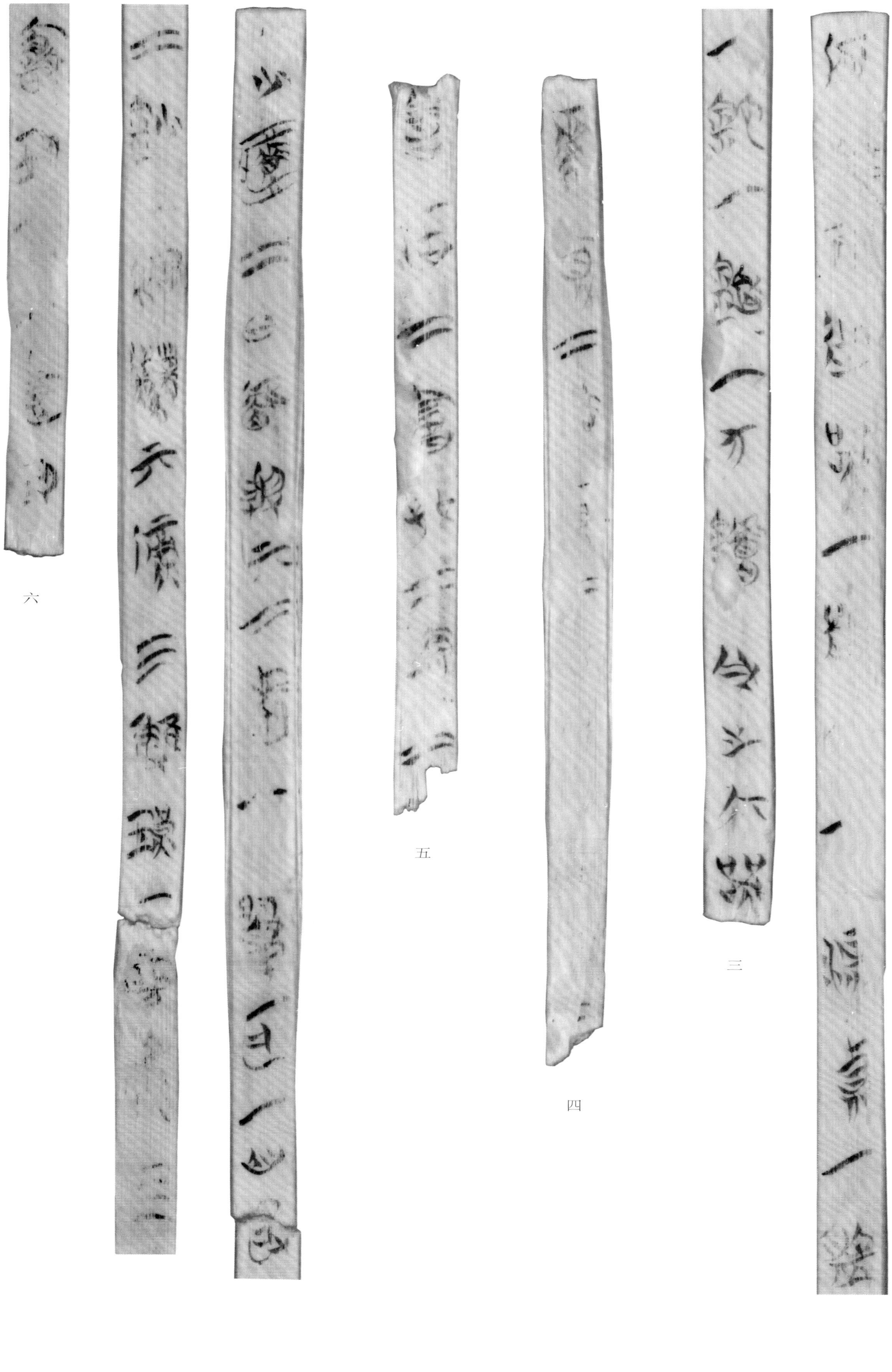

六

五

四

三

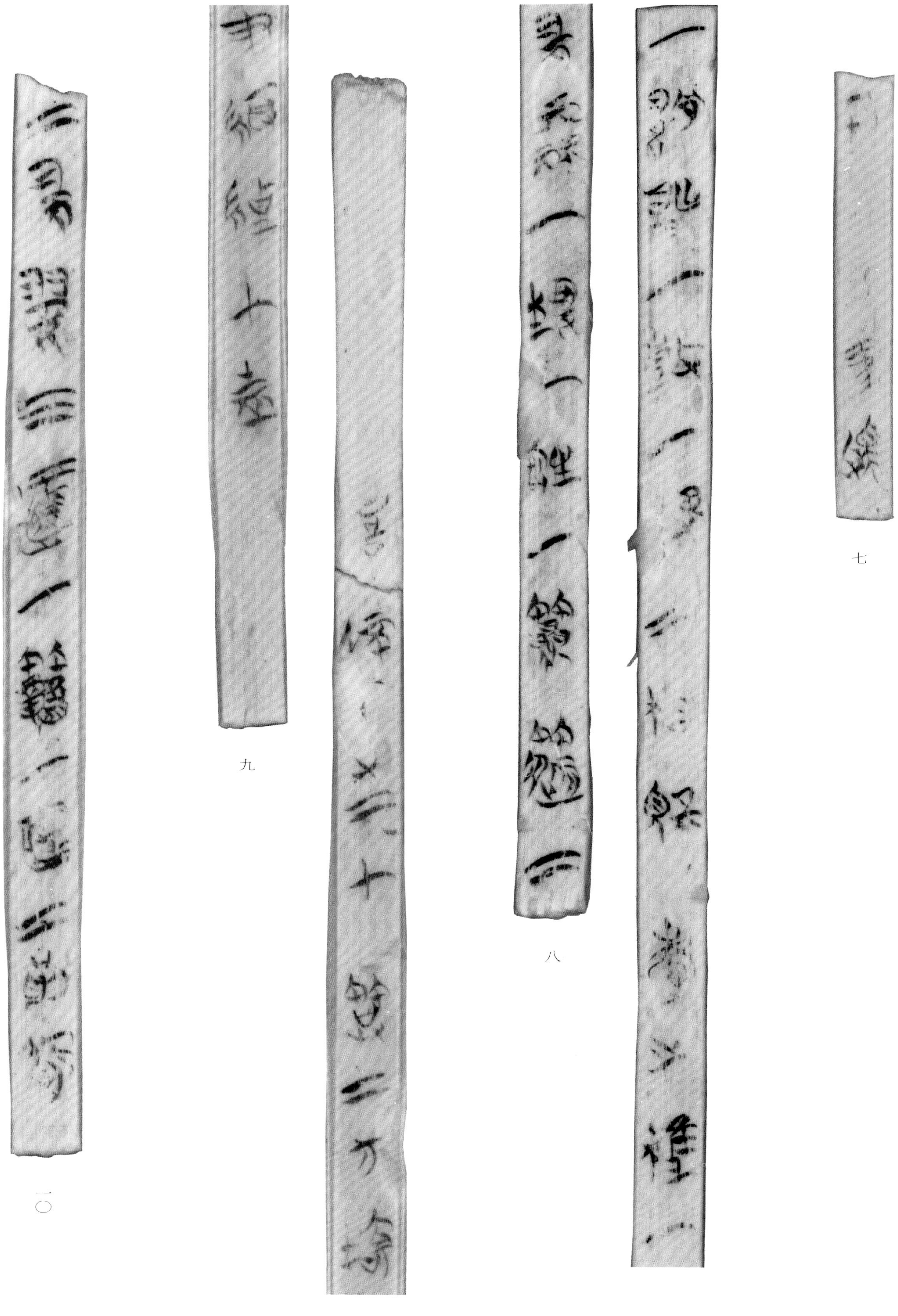

七

八

九

一〇

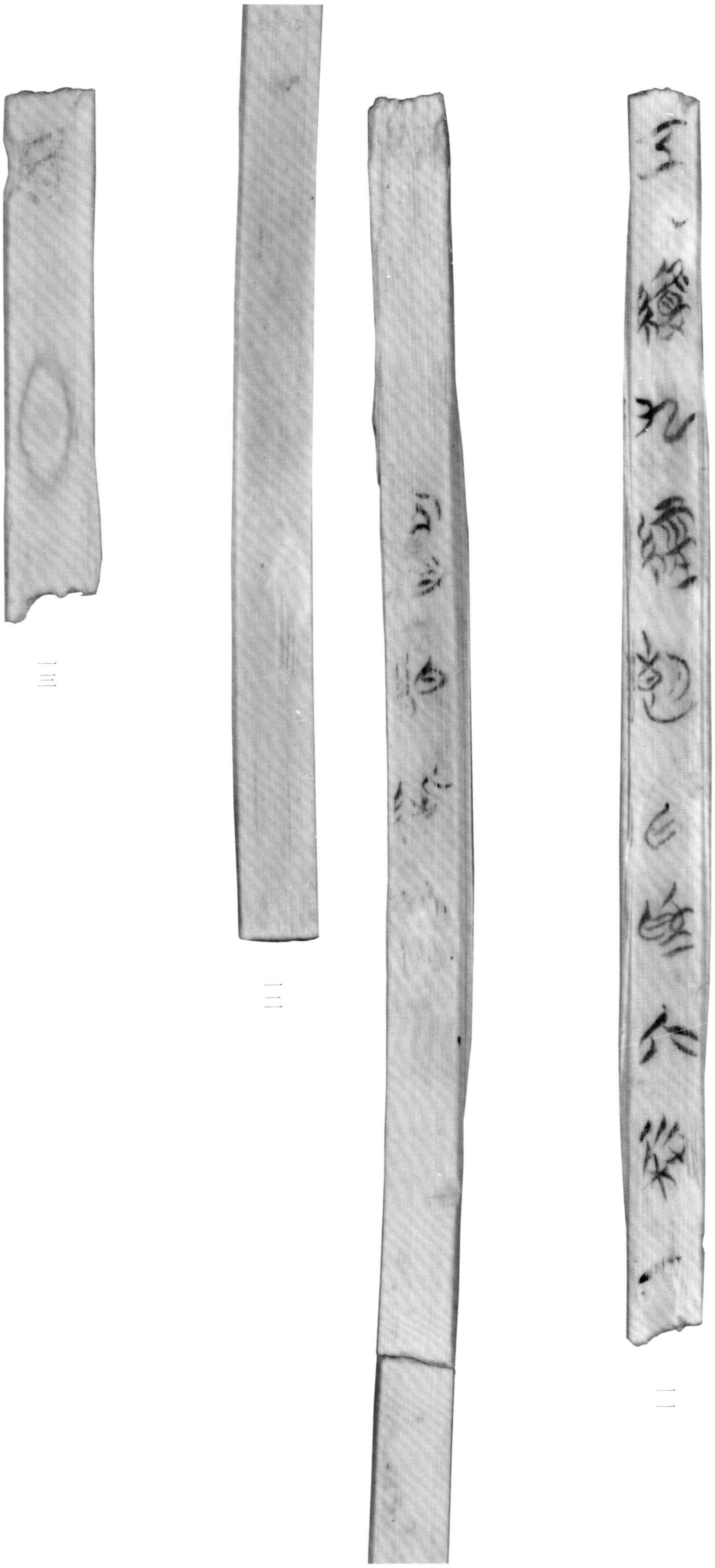

一一　一二　一三

二號墓竹簡縮小圖版

（圖像縮小約二分之一）

卜筮祭禱記録

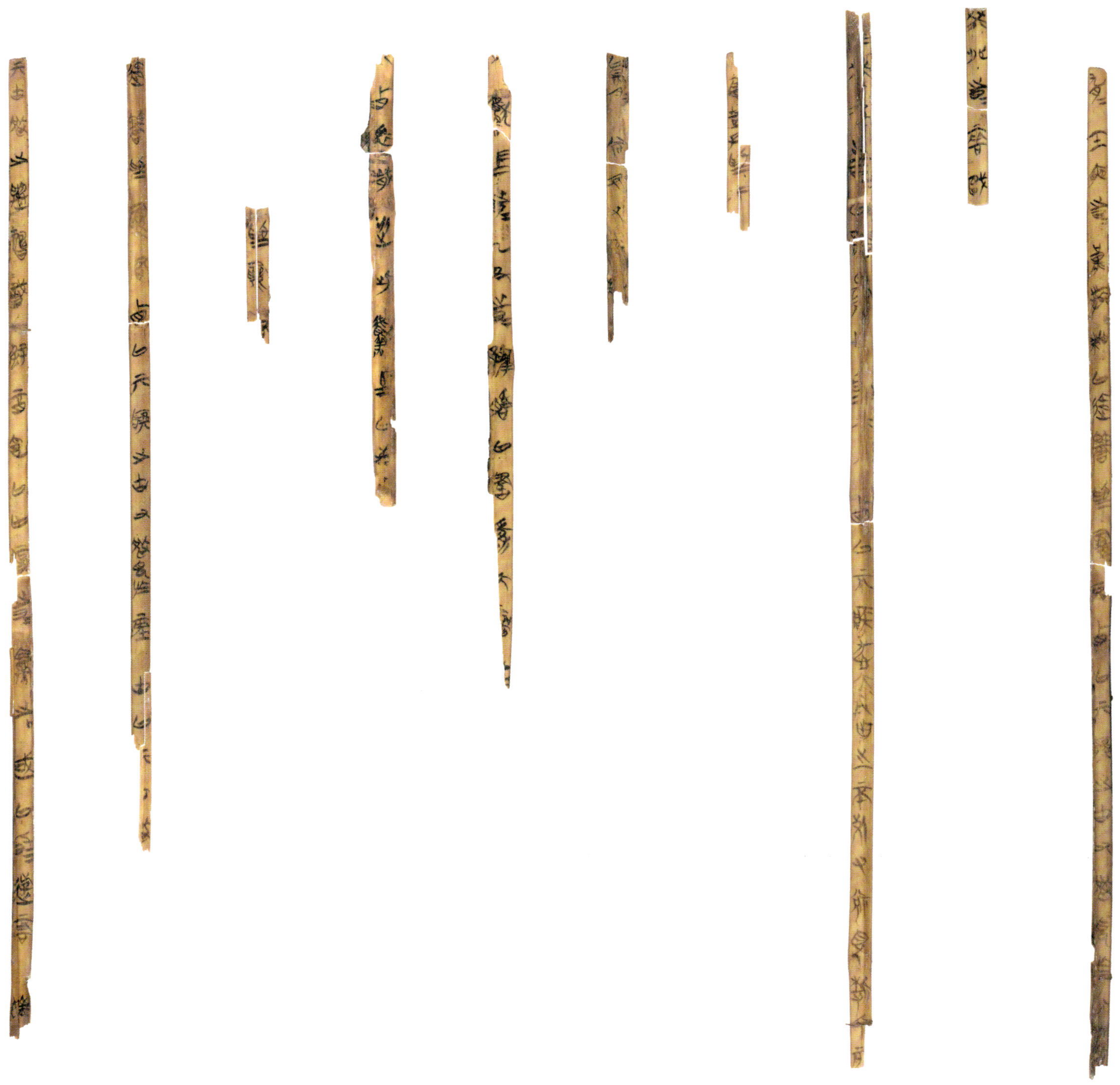

一 二 三 四 五 六 七 八 九 一〇

一一　一二　一三　一四　一五　一六　一七　一八　一九　二〇　二一　二一背

二二　二三　二四　二五　二六　二七　二八　二九　三〇　三〇背　三一　三二　三三

三四 三五 三六 三七 三八 三九 四〇 四一 四二 四三 四四 四五

遣册

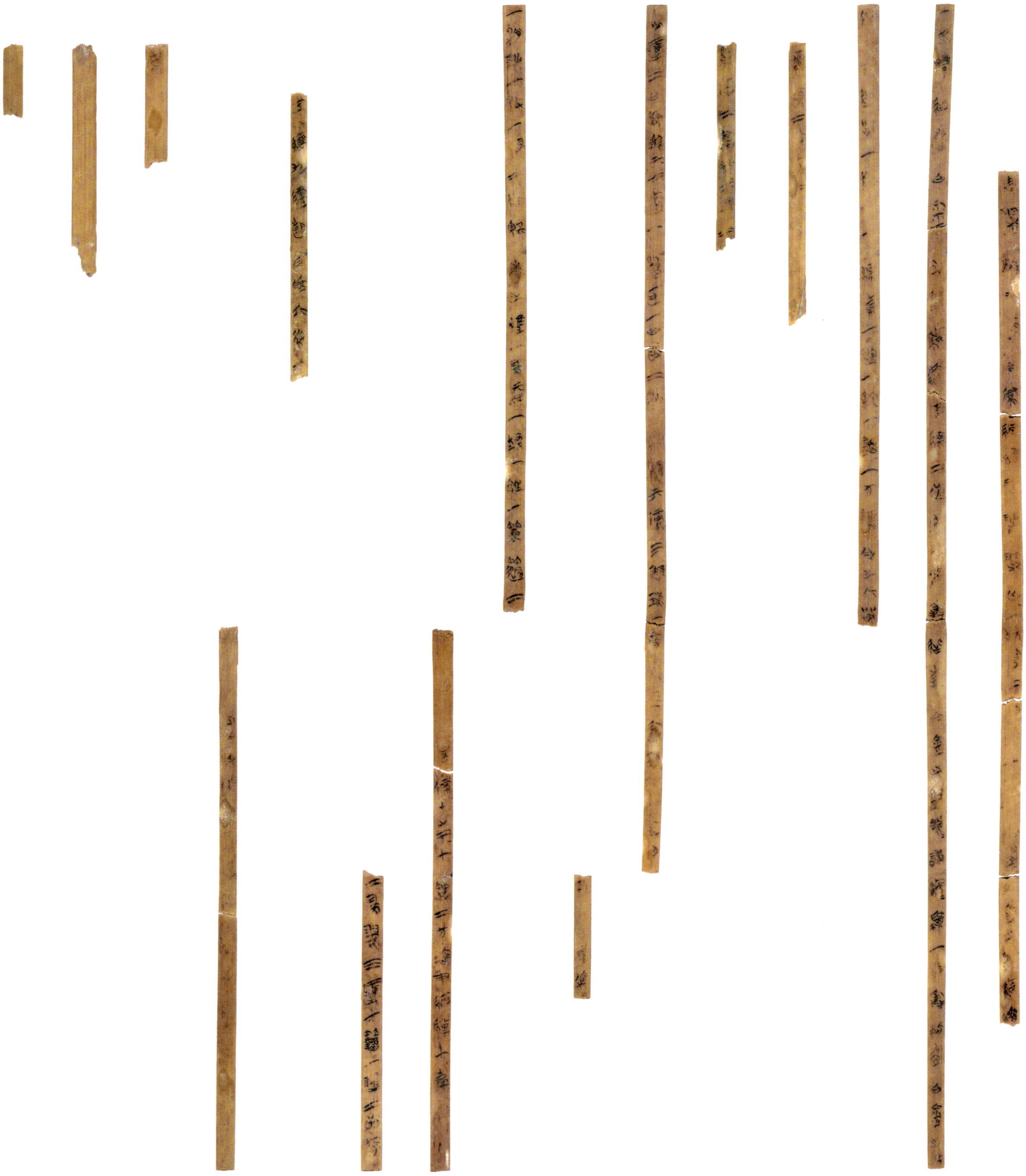

一五 一四 一三 一二 一一 一〇 九 八 七 六 五 四 三 二 一

一號墓竹簡釋文與注釋

☑衾〔一〕，紫絵（錦）之常（裳）〔二〕。逆□☑—

【注釋】

〔一〕《說文》衣部：「衾，大被。」又疑簡文衾當讀爲「衿」，指繫結衣物的帶子。《說文》糸部：「紟，衣系也。」《禮記·內則》：「衿纓、綦屨。」鄭玄注：「衿，猶結也。」陸德明《釋文》：「衿，本又作紟。」

〔二〕楚墓遣册「錦」皆寫作「絵」。原文「常」字之下有一墨點。

二號墓竹簡釋文與注釋

卜筮祭禱記録

☐九月壬寅之日〔一〕，黃戳䅷㠯（以）御箬（筮）爲婁君貞〔二〕：㠯（以）亓（其）瘠之古（故）〔三〕，又（有）敓（祟）見於☐☐〔四〕☐一

【注釋】

〔一〕簡文「九月」皆寫作合文「旮=」。據睡虎地一一號秦墓竹簡《日書》甲種《歲》篇，楚曆的「九月」當秦曆六月。簡文「之日」皆寫作合文「旨=」。

〔二〕簡文「戳」右旁不是很清晰，以此字的左旁「菐」或其變體爲偏旁的字在古文字資料中多次出現，辭例確定者可讀爲「竊」、「淺」、「察」等，據此可知其古音綫索。「戳」字亦見於㝬鐘、散氏盤（《殷周金文集成》二六〇號、一〇一七六號）。䅷，從「首」、「朱」聲，字書不見。「朱」、「豆」古音相近，「䅷」或是「頭」字異體。「黃戳䅷」是貞人名，黃氏貞人又見於葛陵一號楚墓竹簡、天星觀一號楚墓竹簡等。「御箬（筮）」是筮具名。天星觀卜筮簡有「御靇（龗）」（《楚訂》一一六頁），則筮具、卜具都能用「御」修飾。這批簡多是爲婁君卜筮祭禱的記録，婁君或即二號墓墓主。

〔三〕瘠，疾病或症狀名。簡文七見，六例作「瘠」，一例作「瘠」，推測「瘠」是正體，「瘠」是簡體。「疒」内所從與戰國銘文「異」字的一種寫法相類，或疑當隸定爲「瘼」。

〔四〕原簡「於」字下疑有編繩殘留，但與其他簡的下契口位置不合，存疑。

癸卯之日，晉（巫）戜〔一〕☐二

【注釋】

〔一〕巫戜，貞人，巫而名戜者。殷墟甲骨文有「戜」字（《新甲骨文編（增訂本）》七二五頁）。

☐=癸丑之日〔一〕，㠯（以）𤭛（寶）豙☐爲☐☐貞〔二〕，㠯（以）亓（其）疾忞（病）〔三〕，大卜占之〔四〕：不死。又（有）祱（祟）見新（親）父〔五〕。☐☐三

【注釋】

〔一〕「癸」字之上殘留一合文符，當是「某月」的合文。

〔二〕十年陳侯午敦有「𤭛」字（《殷周金文集成》四六四八號），讀爲「保」。簡文「𤭛」當是「𤭛」字省寫，是兩聲字，讀爲「寶」。「寶豙」是楚簡的常見筮具，「寶」多寫作「保/呆」或從「保/呆」聲之字。「寶豙」與「爲」之間有一字空間，且有殘畫，但是按照辭例此處不當有文字，疑是誤書而刮削未盡。「爲」下二字似是「夫人」，若然，當指婁君之夫人。

〔三〕「忞」字又見於上海博物館藏戰國竹簡《孔子詩論》九號、《志書乃言》四號等簡，從「心」、「方」聲，可能就是見於傳世字書的「怲」字。《玉篇》

心部訓爲「忌也」，《集韵》陽韵則以爲是「防」字或體。簡文「忘」讀爲「病」，指病情嚴重。

〔四〕「大卜」是職官名，典掌卜筮，《周禮·春官·宗伯》鄭玄注：「大卜，卜筮官之長。」《左傳》僖公十七年有「卜招父」，杜預注：「梁大卜。」

〔五〕「新」是「新」字異體，包山二號楚墓卜筮簡亦將「親父」寫作「新父」。親父，死去的生父，楚卜筮祭禱簡常見人鬼。

☑晉（巫）苛孔爲□〔一〕☑四

【注釋】

〔一〕「苛孔」是巫的名字。「爲」下一字似「夫」，若然，其下當是「人」字。

☑貣（爨）月〔一〕，尚毋又（有）【咎】〔二〕。□□☑五

【注釋】

〔一〕簡文「貣（爨）月」寫作合文「貣=」。「爨月」是楚曆特有月名，當秦曆八月。

〔二〕《説文》人部：「咎，災也。」

☑【歲】獻馬之月乙丑之日〔一〕，鄻脂㠯（以）陶（寶）冢、大靁【爲】〔二〕☑六

【注釋】

〔一〕簡文「之月」皆寫作合文「斉=」。「獻馬之月」是楚曆特有月名，當秦曆九月。原文「馬」至「乙」的前後位置殘留有其他墨迹，似爲反印文。

〔二〕「鄻脂」是貞人名，「脂」字見於陶文（《陶文字典》九九頁）。楚卜筮簡常見「鄻」氏貞人，當即《左傳》昭公十三年所載楚國世爲卜筮之官的觀氏。「陶」字原文左側「邑」旁殘泐，可參簡二四，右旁似即戰國金文、陶文一般釋爲「釜」字者，如、（《陶文字典》六七～六八頁）。簡文此字「缶」的第一筆自「又」旁第一筆處斜穿而下，遂類「尹」形。上述字形疑皆是從金文中用爲「寶」的所謂「缶」字演變而來，如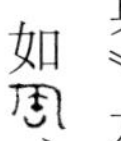、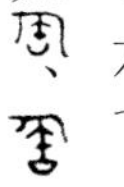（《新金文編》六六八頁）。楚簡卜筮工具「冢」常以「寶」修飾，「陶」亦讀爲「寶」。從「寶冢、大靁」并列來看，冢當是卜龜之類。

☑□貞〔一〕：卒（卒）戠（歲），從此獻馬㠯（以）至【來】〔二〕☑七

【注釋】

〔一〕「貞」上一字疑是「君」。

〔二〕簡六、七形制、字體相同，文字前後相續（之間缺一人名），似屬同一條簡文。「卒歲」即一整年，從當下所在之月到來年同一月份，「從此獻馬以至【來】☑」是標明「卒歲」的起止月份。「來」以下簡文大概是「來歲獻馬」，類似辭例如葛陵簡乙一：19號「自夏𡨦之月以至來歲夏𡨦」。

☐爲婁【君】☐八

☐御箬（筮）爲婁君貞：吕（以）亓（其）瘠之古（故），又（有）敓（祟）見於坪山〔一〕。吕（以）亓（其）古（故）敓（說）〔二〕☐九

【注　釋】

〔一〕簡文「見」字是補書。坪山，山名，未知所在，此處指代坪山之神。楚簡常見山神，如「五山」、「郋山」等。

〔二〕「說」是楚簡常見祭禱動詞。《周禮·春官·大祝》「掌六祈，以同鬼神示：一曰類，二曰造，三曰禬，四曰禜，五曰攻，六曰說」，鄭玄注引鄭司農云：「類、造、禬、禜、攻、說，皆祭名也。」

☐亓（其）古（故）敓（說）之。斁禱戠豭、酉（酒）食〔一〕。吕（以）甲唇（辰）之日賽之〔二〕。或吕（以）氏（是）日遊吾（巫）嫌〔三〕☐一〇

【注　釋】

〔一〕斁禱，簡一三又寫作「與禱」，楚簡常見祭禱動詞，具體含義待考。戠，楚簡常見祭牲修飾詞，或讀爲「特」，一也；或以爲表示紅色（參朱曉雪《包山楚簡綜述》五二九～五三〇頁注釋五）。豭，楚簡常見犧牲，或讀爲「豭」；或釋爲「豜」，讀爲「豬」（參《楚地出土戰國簡册［十四種］》一〇三頁注釋三一）。

〔二〕賽禱，楚簡常見祭禱方式。《史記·封禪書》「冬賽禱祠」，司馬貞索隱：「賽謂報神福也。」字又作「塞」，《韓非子·外儲說右下》：「殺牛塞禱。」簡文「賽之」之後有一墨鉤。

〔三〕「或」與「又」同義。簡文「氏（是）日」皆寫作合文「昏＝」。葛陵簡零：290號寫作「昏＝（氏日—是日）」。「遊巫」又見於天星觀簡（《楚訂》六五二頁）。「遊巫」之「遊」疑可讀爲祝由之「由」。《素問·移精變氣論》：「黄帝問曰：『余聞古之治病，惟其移精變氣，可祝由而已。』」字又作「𥛚」，《說文》示部：「𥛚，祝𥛚也。」（參李家浩《馬王堆漢墓帛書祝由方中的「由」》，《河北大學學報》二〇〇五年一期，七三～七六頁）。「由巫」指向巫祝禱求福。「嫌」字又見於包山一七五號簡。「巫嫌」疑即「巫咸」，是上古傳說中的名巫（古書關於「巫咸」的記載很多，傳聞異辭，可看《日知録》卷二五）。「遊（由）巫咸」，可能是向假托巫咸附體的巫師施行祝由儀式以祈福消災。

☐□新（親）父〔一〕。吕（以）婁君之瘠之古（故），禱戠豢於新（親）父□□〔二〕。一一

【注　釋】

〔一〕結合文例看，「靳」上一字可能是「於」。「父」字之後原簡有一墨鉤。
〔二〕豢，楚簡常見祭牲名。《禮記·月令》「案芻豢」，鄭玄注：「養牛羊曰芻，犬豕曰豢。」或讀爲「豣」（參《楚地出土戰國簡冊〔十四種〕》一〇一頁注釋一九）。

☐戠牛於靳（親）父，㠯（以）婁君之瘠之古（故），速虞（瘥），牺（將）速賽之。一二

☐☐㠯（以）瘠之古（故），又（有）祟（眚）見於先大夫〔一〕，禱肥豭、酉（酒）食〔二〕。斁（擇）良日於此月之中（中）而賽之〔三〕，吉。☐一三

【注釋】
〔一〕「見」上一字竹簡開裂，拼合後作。楚卜筮簡辭例經常出現在這個位置的字除了「柰（祟）」或讀爲「祟」的「祱」、「敓」等，還有與「祟」詞義相近的「祟（眚）」字，作（葛陵簡甲三：112）。丁家嘴簡此字下從「示」，上部所從與上博簡「眚」字所從「生」旁相近：（《昔者君老》簡三）、（《柬大王泊旱》簡一四）、（《曹沫之陳》簡二七），疑亦從「示」、「生」聲，是「𥘸」字的異體或省體，讀爲「眚」。「眚」、「祟」義通，如睡虎地秦簡《日書》甲種《病》篇「王父爲祟」、「外鬼爲祟」、「外鬼殤死爲祟」，在《日書》乙種《有疾》篇寫作「王父爲姓（眚）」、「外鬼爲姓（眚）」、「外鬼殤死爲姓（眚）」，所以「有眚」即「有祟」。簡文「大夫」皆寫作合文「夫=」。
〔二〕豭，從「豕」、「睘」聲，與「豢」讀音相近，疑當讀爲楚簡常見的祭牲「豢」。
〔三〕包山二一八號簡有「𦋻（擇）良月良日歸之」，可參。

☐【禱】肥臁、酉（酒）食〔一〕，吉〔二〕。禱於☐之母肥臁、酉（酒）飤（食）〔三〕，吉。一四

【注釋】
〔一〕臁，從「肉」、「槖」聲，祭牲名。「肥臁」疑當讀爲「肥牡」。《詩·小雅·伐木》：「既有肥牡，以速諸舅。」
〔二〕「吉」字之下原簡有一墨鉤。
〔三〕「☐之母」是鬼神名，第一字原文墨迹較淡，前後字間距較密，或爲補改而寫的字，似是從「見」、「邑」、「求」。

☐☐☐〔一〕。賽之，朼（必）長墧之〔二〕。一五

【注釋】
〔一〕這兩個字被編繩等物所遮蓋，其下約有兩字位置的空白，似有刮削痕迹。

〔二〕「𡒄」當與葛陵簡零:129號「尚贎之」之「贎」用法相同。此簡簡面浸漬或反印有其他簡的墨迹。

☑亙（恆），從此月㠯（以）☑一六

☑敚（祟）於……☑一七

☑之宔（中）㠯（以）厶（私）啞（巫）〔一〕，吉。□□☑一八

【注釋】

〔一〕「之宔（中）」前所缺文字，可參看簡一三「斁（擇）良日於此月之宔（中）」。私巫，望山一號楚墓一一九號簡記有「𦥑禱大夫之私巫」，包山二四四號簡記有「𦥑禱巫一全豬」。

☑□無咎，又（有）敚（祟）。𦥑禱於☑一九

☑吉。遂（移）□之敚（祟），虘（且）……敢占【之曰〔一〕：吉】。二〇

【注釋】

〔一〕「敢」可能是貞人名。葛陵簡有貞人「趄鬻」，有時簡稱「鬻」，如「鬻占之」（乙四：35），可參。

☑豬與□□〔一〕。㠯（以）己未之日☑二一

【注釋】

〔一〕簡文「豬」後有墨鉤。

☑□貞之：吉，又（有）祱（祟）於大水。禱於大水一備（佩）〔一〕☑二一背

【注釋】

〔一〕大水，楚簡常見神祇名。楚簡常見以「一佩玉」或「一佩璧」祭禱大水，此處「備（佩）」下當是「玉」或「璧」字。

秦客虩戎迈（蹠）楚之戢（歲）九月壬寅之日〔一〕，㠯（以）婁君之瘠之古（故），舉禱戠牛於五⿰目⿱夕王（世）王父、五⿰目⿱夕王（世）〔二〕☑二三

【注　釋】

〔一〕以秦客之事紀年，還見於天星觀簡「秦客公孫紻問王於戚郢之歲」（《楚訂》六七四頁）。虩戎，秦客之名。「迈」字楚簡多見，讀爲「蹠」，至也。

〔二〕「⿰目⿱夕王」所從「⿱夕王」旁見於包山一四五號簡。「⿰目⿱夕王」從「⿱夕王」聲，「⿱夕王」從「句」聲，此處讀爲「世」，參看簡二三「⿰⿱臼木阝」字注釋。據文例，第二個「五世」之下缺去「王母」。「五世王父王母」見於秦家嘴楚墓竹簡「禱之於五褋（世）王父王母」、「賽禱於五褋（世）王父王母」（《楚訂》一二〇〇頁）。此外，秦家嘴簡還有「賽禱五褋（世）以至親父母肥豢」（《楚訂》一二〇〇頁），葛陵簡也有「敓（說）於五殜（世）」（乙四：27）。從簡二三單獨記録「或舉禱於四⿰⿱臼木阝（世）王父、四〈王〉母」、「或與禱於三⿰⿱臼木阝（世）王父、王【母】」來看，單說「五世王父王母」的時候應該是指五世王父王母兩位祖妣，而不是自父輩而上的五代祖先，「四世王父王母」、「三世王父王母」依次類推。

☑或舉禱於四⿰⿱臼木阝（世）王父、四〈王〉母⿰⿱冎貝戈牛〔一〕。或與禱於三⿰⿱臼木阝（世）王父、王☑二三

【注　釋】

〔一〕「⿰⿱臼木阝」字從「邑」、「⿱臼木」聲。「⿱臼木」旁見於曾侯乙墓編鐘中層掛架銘文「⿰亻⿱臼木」字（《商周青銅器銘文暨圖像集成》三五册一九三八五、一九三八八、一九三八九號等），包山簡一四三、一六七、一九一號「⿰方⿱臼木」字，上博簡《容成氏》二五、清華大學藏戰國竹簡《治邦之道》一二號「⿰氵⿱臼木」字。「⿱臼木」所從「句」旁的寫法又見於清華簡《八氣五味五祀五行之屬》一、二號「渴」字所從「曷」旁。此處「⿰⿱臼木阝」讀爲「世」。按照辭例，「四母」本當作「王母」，「四」應是涉上「四世」而誤。「⿰⿱冎貝戈」字從「冎」、從「貝」、從「戈」。楚卜筮祭禱簡所見牛牲多言「戠牛」，戰國文字「弋」旁常與「戈」無別，「貣」字的「弋」旁即多作「戈」形（《楚訂》六〇〇～六〇一頁），疑「⿰⿱冎貝戈」字從「貣」聲，與「戠」音近通用。

☑【壬】寅之日，㠯（以）婁君之瘠之古（故），禱保於𨚕子之〔一〕☑二四

【注　釋】

〔一〕保，疑讀爲「報」。《國語・魯語》「海鳥曰『爰居』」章云「有虞氏報焉」，韋昭注：「報，報德之祭也。」（此據「中華再造善本」影印宋元遞修本）

乙巳之日，㠯（以）歸紋（衣）常（裳）於先大夫〔一〕。二五

【注　釋】

〔一〕以衣裳爲祭品，又見於葛陵簡甲三：207、甲三：269號。先大夫，本國亡故的卿大夫，習見於古書，又見於上博簡《命》二、六、七號。

☒晉（巫）神〔一〕。　禱於禚一𤞤〔二〕。二六

【注　釋】

〔一〕「神」字之後原簡有一墨鉤，其下有約一字位置的空白。

〔二〕禚，疑讀爲「沈」，是爲沈神造的專字，參看簡三〇「二堪」注釋。

☒子人與亓（其）死之取弜□之古（故）〔一〕，又禱於……〔二〕☒二七

【注　釋】

〔一〕「弜」字見於九店五六號楚墓竹簡三一～三三、三八、四五號等。

〔二〕表示重複或遞進的副詞「又」，楚簡習用「或」字表示，不用「又」字。「又」字在楚簡中習用爲有無之「有」，此處疑當讀爲「侑」，祭禱動詞。「又」字的這種用法在殷墟卜辭中常見，王國維云：「又之言侑。《詩・楚茨》『以妥以侑』，猶言祭也。」（《甲骨文獻集成》第一册，二七頁）

☒＝〔一〕，或一禱〔二〕☒二八

【注　釋】

〔一〕簡文這裡殘留一合文或重文符號。

〔二〕「一禱」是楚簡常見祭禱動詞，多寫作「罷禱」，偶亦作「弌禱」（葛陵簡乙四：82、乙四：48號）。

☒之日，㠯（以）𤲜𨛗先大夫□□□〔一〕☒二九

【注　釋】

〔一〕「𤲜」字常見於戰國楚官璽。「𨛗」即《説文》田部「疇」字省體，實「疇」字初文，此處疑讀爲「禱」。

☒□至（致）亓（其）保〔一〕。或禱於厶（私）晉（巫）〔二〕，至（致）亓（其）呆。㠯（以）己未之日或禱於二堪〔三〕，屯肥豸□〔四〕。禱☒三〇

【注　釋】

〔一〕「至（致）亓（其）保」又寫作「至（致）亓（其）呆」。「保」、「呆」疑讀爲「報」，參看簡二四注釋。《春秋繁露・保位權》：「各應其事，以致其報。」雖語義不同，而辭例可參。

〔二〕私巫，望山一號墓一一九號簡有「𦥎禱大夫之私巫」。

〔三〕「於私巫」至「之日」十一字（含合文），與本簡其他字相較，字小而密，墨迹較深，且緊靠竹簡右側邊緣書寫，應係刮削後補寫。二堪，鬼神名。「堪」疑讀爲《詛楚文》「大沈厥湫」之「沈」，「二沈」指楚地二水。

〔四〕「[豕□]」的右側聲旁似是「害」。《説文》牛部：「犗，騬牛也。从牛、害聲。」指閹割了的牛。「[豕害]」大概是爲閹割了的豕所造的專字。楚簡用牲有時用閹割的牲畜，如包山簡二三七號「舉禱大一[羊膚]（[羊尃]）」，「[羊尃]」是閹割了的公羊。閹割過的牲畜易肥，故稱「肥[豕害]」。「[豕□]」字之下原簡有墨鉤。

☑之社一豭（豭）〔一〕。三〇背

【注　釋】

〔一〕葛陵簡多見禱於社的記録，亦多用豕牲。

☑母□戠☑三一

☑【九】月壬寅之日〔一〕，☑三二

【注　釋】

〔一〕簡一、簡二二中「壬寅」都屬九月，此簡「壬寅」上存「月」字殘畫及合文符號，應是「[夕/月]=」。

☑月壬子之日，目（以）婁☑三三

☑□母目（以）訓至〔一〕☑三四

【注　釋】

〔一〕「訓至」又見於葛陵簡甲三：5號「寏（賽）禱於[刀口/田]（荆）王以偷（逾），訓至文王以逾」，秦家嘴簡「訓至親父、衆鬼戠牛、酉（酒）食」（《楚訂》八一七頁）。

☑□氏（是）月〔一〕☑三五

【注　釋】

〔一〕簡文「氏（是）月」寫作合文「[氏/月]=」。

⧄之□戠豸□⧄三六

㠯（以）可又之不〔一〕⧄三七

【注釋】

〔一〕「又」疑讀爲「侑」，參看簡二七注釋。

⧄□又□⧄三八

⧄□□二□□□⧄三九

⧄□□□⧄四〇

遣册

☐車，翠（翠）鞁〔一〕，☐☐☐𡧋〔二〕，緒（緄）綏〔三〕。☐署（旌）〔四〕，翠（翠）首〔五〕。一𡢽（鐃）笞〔六〕，二☐☐。一☐☐，☐鏖（屋）〔七〕，白金之釴（飾）〔八〕。繁纕（綴）〔九〕。☐一

【注釋】

〔一〕「鞁」在遣册中常與「鞅」一同出現，曾侯乙墓簡一般寫作「顯」或「鞶」、包山簡則寫作「鞁」。關於「鞁」的用法，古書中説法不一，依據秦始皇陵銅車馬，「鞁」可能是指繞過馬腹的帶子。

〔二〕𡧋，應即嚴倉一號楚墓遣册所記的「堂（當）」，待考。

〔三〕「君」、「昆」均爲見母文部字，因此「緒」可以讀爲「緄」。「綏」右旁所從與楚簡中的「執」字右旁相同，待考。

〔四〕包山二六九號簡記：「其上載：絑（朱）署（旌），一百筡（條）四十筡（條）翠（翠）之首。」

〔五〕「首」字後原簡有墨點。

〔六〕包山二七〇號簡記有「一鐃」。《説文》金部：「鐃，小鉦也」。「𡢽」後一字左側殘缺，或是「笞」字。

〔七〕鏖，原文上半筆畫有缺損，二號簡亦有此字，上半似「鹿」形。望山二號楚墓二號和一五號簡也有此字，上半似是鹿形之省。《漢書・陸賈傳》「去黄屋、稱制」，顔師古注：「黄屋，謂車上之蓋也。」

〔八〕曾侯乙墓七七號簡記有「黄金之釴（飾）」。

〔九〕纕，又見於望山二號墓二、八號簡等。《大戴禮記・明堂》「赤綴户也」，盧辯注：「綴，飾也」。

一女棄（乘）〔一〕，紫鏖（屋），白金之釴（飾）。繁纕（綴），緒（緄）綏，二革☐。一棄（乘）竃（轎）〔二〕，紫鏖（屋），白金之釴（飾）。轣轣（轓）〔三〕，譊繁〔四〕，繁纕（綴）。一☐竃（轎）〔五〕，紫鏖（屋），白金之釴（飾）。二

【注釋】

〔一〕女乘，車名，可能是女性所乘之車。又見於信陽一號楚墓二—〇四號簡和望山二號墓二號簡。

〔二〕竃，此類從「毳」聲之字，又見於信陽二—〇四號簡和望山二號墓一五號簡等，當讀作「轎」或「橋」，是類似肩輿的代步工具（參陳偉《車輿名試説（二則）》，《古文字研究》二十八輯，三八六～三八七頁）。

〔三〕「轣」字下原簡有重文符號，疑第二個「轣」讀作「轓」。望山二號墓二號簡記述「女棄（乘）」有「軒反」，整理者認爲「軒」是車兩旁的「轓」；「反」疑讀爲「皈」，車耳（《望山楚簡》一一五～一一六頁考釋一〇）。劉國勝疑「反」讀爲「轓」，「軒轓」可能是指「女乘」車箱兩側的屏藩（《楚喪葬簡牘集釋》九六頁校釋一〇）。這裡的「轣轓」或與望山簡「軒反」指同一物。

〔四〕「繁」字下原簡有重文符號，疑第一個「繁」讀作「旛」。

〔五〕「一」下一字或疑當釋爲「黃」。

□□尹釦器：一□□，一湯貞（鼎）〔一〕，一盤，一鉈（匜），一鐓〔二〕，一方鏞（鑪）〔三〕。凡之六器☑三

【注釋】

〔一〕其他楚墓遺册也多記有「湯鼎」，是常見的一種水器。

〔二〕鐓，疑當讀作「錠」，《説文》金部：「錠，鐙也。」《儀禮·公食大夫禮》有「大羹湆不和，實于鐙。」鄭玄注：「瓦豆謂之鐙」。此字後原簡有一墨點。

〔三〕《説文》金部：「鑪，方鑪也。」段玉裁注：「凡然炭之器曰鑪。」信陽二—〇二七號簡記有「一齊鏞（鑪）」。

☑繁貞（鼎）〔一〕，二□貞（鼎），二……二☑四

【注釋】

〔一〕繁鼎，又見於楚系青銅器的自名，如河南淅川下寺八號墓出土的「以鄧鼎」（《淅川下寺春秋楚墓》六頁）、湖北襄陽縣朱坡鄉徐莊村出土的「蔞子敀盞」（張昌平《襄陽縣新發現一件銅盞》，《江漢考古》一九九三年三期，四二～四三頁）等。

☑會（合）匿（瑚）〔一〕，二會（合）戔（盞）〔二〕，二□〔三〕。二☑五

【注釋】

〔一〕匿（瑚），望山、包山等楚墓遺册多見，指簠。包山二六五號簡記有「二畬（合）匿」。楚墓匿（瑚）都是兩件同出。

〔二〕合盞，又見於望山二號墓五四號簡。楚地所出東周器之自名爲「盞」者，多與敦形近。

〔三〕「二」下一字左半殘，右半疑是「奇」字，其後原簡有墨點。信陽二—〇一二號簡記有木器「八方琦」。

□少（小）匱〔一〕，二白虐與亓（其）二橐〔二〕，一翆（翠）耳（珥）〔三〕，一臼取〔四〕，二鈔（削）〔五〕，一緄（緄）紼（帶）〔六〕，亓（其）備（佩）：三雙璜，一辟（璧）□，三（四）□□□〔七〕，一良□〔八〕六

【注釋】

〔一〕「少」上一字可能是「一」。「匱」或可釋作「匰」，應爲某種容器，有大小之分。

〔二〕虐，楚墓遺册多見，信陽二—〇一一號簡、包山二五三號簡記有「𤄷（醬）白虐」。《説文》㯻部：「橐，囊張大皃。从㯻省，匋省聲。」簡文「橐」是指「虐」的包裹物。信陽、包山簡記「虐」的包裹物是「韜」。「橐」從「匋」省聲，而從「匋」聲之字多可與從「舀」聲之字通假。因此這裡「橐」也可能讀爲「韜」。

〔三〕翠珥，又見於信陽二—〇二號簡，指翠玉耳飾。

〔四〕疑「臼取」爲「齒珥」之訛。「齒珥」見於信陽二—〇二號簡，指象牙耳飾。

〔五〕包山二六三號簡記有「一金鈔」，整理者讀作「削」，認爲指刮削簡牘的削刀（《包山楚簡》六三頁考釋五七〇）。

〔六〕「緄帶」又見於信陽二—〇七號簡、望山二號墓四九、五〇號簡。《後漢書·南匈奴傳》「童子佩刀、緄帶各一」，李賢注引《説文》曰：「緄，織成帶也。」

〔七〕「亖」下一字似從「宜」。

〔八〕《周禮·春官·巾車》「凡良車、散車不在等者」，賈公彦疏：「精作爲功則曰良。」信陽二—〇四號簡記有「一良囩（圓）軒」、二—〇三號簡記有「一良䡓（翣）」等。

□□□□韋韣〔一〕⧄七

【注　釋】

〔一〕楚墓遣册多見「韣」，指收藏器物的囊或套子。《禮記·内則》「斂簟而韣之」，鄭玄注：「韣，韜也。」又，疑六、七號簡當順次綴合。

一□亡〔一〕，一鼓，一【鼙（鼙）】〔二〕，二𣏌䡈䴷之椎（椎）〔三〕。一耑（短）弄（瑟）〔四〕，一執〔五〕，一□生（笙）〔六〕，一篸篷（簁）〔七〕。二⧄八

【注　釋】

〔一〕「一」下一字左側疑從「鳥」。結合下文來看，「□亡」或爲樂器名。

〔二〕鼙，簡文左半殘，結合文例釋。《儀禮·大射》「應鼙在其東」，鄭玄注：「鼙，小鼓也。」信陽二—〇三號簡也依次記録鼓、鼙（鼙），馬王堆三號漢墓遣册一四號簡記「大鼓一、卑（鼙）二」。此墓出土有一件「虎座鳥架鼓」和一件漆木鼓，原物尚在整理復原中，前者應即簡文所記「鼓」，後者是「鼙」。

〔三〕䡈，疑讀作「簨」，指鼓架上的横杆。《禮記·明堂位》：「夏后氏之龍簨虡」，鄭玄注：「簨虡，所以懸鐘鼓也。横曰簨，飾之以鱗屬；植曰虡，飾之以贏屬、羽屬。」䴷，疑讀爲「握」，《説文》手部：「握，搤持也。」「椎（椎）」似指鼓槌。

〔四〕短瑟，疑即文獻中的「小瑟」。《禮記·明堂位》：「拊搏，玉磬，揩擊，大琴，大瑟，中琴，小瑟，四代之樂器也。」

〔五〕結合上下文來看，「執」應是某種樂器。

〔六〕《爾雅·釋樂》「大笙謂之巢，小者謂之和」，郭璞注：「列管瓠中，施簧管端，大者十九簧。」

〔七〕《説文》竹部「篸，差也，从竹參聲」，段玉裁將「差也」改作「篸差也」，并云：「《集韵》：『篸差，竹皃。初簪切。』又『篸，竹長皃。疏簪切。』按：木部『槮，木長皃。』引『槮差荇菜』，蓋物有長有短，則參差不齊，竹、木皆然。」「篷」字下部所從即《古文四聲韵》卷三「徙」字的古文寫

法。「徙」與「斯」古音極近，而古書中「虒」與「斯」可通用。疑簡文「篵」當讀爲「篪」，是一種竹管樂器。《爾雅·釋樂》「大篪謂之沂」，郭璞注：「篪以竹爲之，長尺四寸，圍三寸，一孔上出，一寸三分，名翹，橫吹之。小者尺二寸。」

⧄……𧯠（豆）伓（杯）十又二〔一〕，七箕〔二〕，二方琦〔三〕，聿（盡）緅絹〔四〕。七者。九

【注　釋】

〔一〕豆杯，疑即信陽二—〇二〇號簡所記「杯豆」。「二」字之後原簡有墨點。

〔二〕箕，盛放物品的竹器，其他楚墓遣册多見。包山簡「箕」用以盛裝食物，這裡有可能盛放豆杯。

〔三〕方琦，又見於信陽二—〇一二號簡。河南固始侯古堆一號墓出土有自名爲「盇」的方豆，江蘇無錫出土的郪陵君豆自名「鉄盍」，「琦」、「盇」、「盍」可能是同一器名。

〔四〕「聿（盡）」有全部、都的含義，《左傳》昭公二年「周禮盡在魯矣」。緅，《玉篇》糸部：「青赤色。」《周禮·考工記·畫繢》「三入爲纁，五入爲緅，七入爲緇」，鄭玄注：「染纁者，三入而成，又再染以黑則爲緅。」「聿緅絹」似在描述方琦等物品全用青赤色的絹作包裹或裝飾。

⧄二耑（短）翣〔一〕。三匵〔二〕。一簳（䉶）〔三〕，一匡（筐）〔四〕，二革橐。一〇

【注　釋】

〔一〕信陽二—一九號簡記有「一長羽翣」，可與這裡的「耑（短）翣」互參。

〔二〕匵，或與六號簡所記「匱」屬同一物品。

〔三〕《玉篇》竹部：「䉶，箱類」。下文接記「一匡（筐）」，「䉶」應是與「筐」功用相似的竹器。包山二五五號簡記有「脩一䉶」、「䏐（脯）一䉶」，二五六號簡記「箴魚一䉶」，二六四號簡記「一晃（冠）䉶」。

〔四〕《詩·召南·采蘋》：「于以盛之？維筐及筥。」毛傳：「方曰筐，圓曰筥。」

⧄五〔一〕。縷（組）九經，軔（斷）㠯（以）爲六桊（條）。□⧄一一

【注　釋】

〔一〕「五」字之後有一墨鉤。或疑墨鉤爲誤書，「五」應與「縷」連讀。

⧄□絈紫□……〔一〕一三

【注　釋】

〔一〕據紅外照片，「紫」後一字或是「兼」。

☑□☑一三

竹簡整理號與出土、館藏號對照及長寬尺寸表

藤店楚墓竹簡

整理號	館藏號	長（厘米）	寬（厘米）
一	1	16.8	0.7
二	7	3.7	0.7
三	11	3.8	0.7
四	3	3.0	0.7
五	19	6.1	0.7
六	2	8.0	0.7
七	4	2.9	0.7
八	5	2.1	0.7
九	6	4.9	0.7
一〇	9	10.0	0.7
一一	8	3.2	0.7
一二	10	3.4	0.7
一三	13	3.8	0.65
一四	16	1.3	0.65
一五	17	6.8	0.6
一六	18	5.5	0.7
一七	15	1.9	0.7
一八	20	2.5	0.7
一九	21	2.2	0.7
二〇	24	4.5	0.6
二一	22	5.9	0.6
二二	12	3.4	0.7
二三	14	2.6	0.6
二四	23	2.5	0.6

安崗楚墓（一、二號墓）竹簡

	簡號	長（厘米）	寬（厘米）
一號墓	一	67.6	0.8
	二	31.0	0.7
	三	68.0	0.8
	四	66.8	0.7
	五	31.3	0.8
	六	36.5	0.8
	七	22.0	0.7
	八	9.4	0.7
	九	49.5	0.7
	一〇	68.0	0.7
	一一	65.9	0.7
	一二	19.8	0.6
	一三	9.8	0.6
	一四	20.0	0.6
	一五	57.8	0.7
	一六	17.0	0.6
	一七	34.4	0.7
	一八	8.5	0.6
	一九	9.7	0.7
	二〇	9.5	0.6
	二一	5.8	0.6
二號墓	一	52.5	0.7
	二	64.0	0.6
	三	64.5	0.5
	四	67.7	0.6
	五	70.0	0.8

丁家嘴楚墓（一、二號墓）竹簡

	整理號	出土號	長（厘米）	寬（厘米）
一號墓	一	1	10.5	0.8
二號墓 卜筮祭禱記録	一	3+4	36.4	0.8
	二	57+68	7.5	0.8
	三	62+64+15+41	38.2	0.8
	四	69	6.5	0.8
	五	58+28	10.6	0.8
	六	66+16	23.0	0.85
	七	36+14	16.4	0.85
	八	20 上 +74	5.0	0.8
	九	55+44+71	29.1	0.8
	一〇	9+11	35.6	0.8
	一一	45+6	38.1	0.8
	一二	48+1	37.9	0.8
	一三	20 下 +39	36.0	0.85
	一四	46	18.5	0.8
	一五	49	13.2	0.8
	一六	54	6.9	0.8
	一七	13	19.2	0.8
	一八	17	12.6	0.8
	一九	27+29	12.1	0.8
	二〇	47+5+73	39.0	0.8
	二一	30+52	14.0	0.8
	二二	40+8	48.3	0.8
	二三	43+51	23.1	0.8
	二四	25+10	24.6	0.75
	二五	31+38+37	28.8	0.8
	二六	2	20.0	0.8
	二七	50+7	27.8	0.8
	二八	22	6.9	0.8
	二九	60+70	12.6	0.8
	三〇	42+53	22.6	0.8
	三一	33	3.5	0.75
	三二	23	6.2	0.8
	三三	26	6.7	0.8
	三四	21	6.7	0.8
	三五	35	3.2	0.8
	三六	24	6.6	0.8
	三七	59+67	6.7	0.8

	整理號	出土號	長（厘米）	寬（厘米）
二號墓 卜筮祭禱記録	三八	72	2.7	0.7
	三九	61+63	6.3	0.8
	四〇	56	4.7	0.8
	四一	18	16.3	0.8
	四二	19	13.3	0.8
	四三	32	5.2	0.8
	四四	34	4.5	0.8
	四五	65	3.4	0.8
二號墓 遣册	一	16+7+18+17	34.6	0.8
	二	14+20+12+3	47.0	0.8
	三	1	25.2	0.8
	四	15	11.5	0.8
	五	19	8.5	0.8
	六	5+9+13	35.1	0.8
	七	22	5.1	0.8
	八	2	24.7	0.8
	九	21+4	22.0	0.8
	一〇	6	12.3	0.8
	一一	10	11.7	0.8
	一二	8+11	22.3	0.8
	一三	23	5.1	0.85
	一四	24	9.5	0.85
	一五	25	3.0	0.8

主要參考文獻

一　［東漢］許慎：《説文解字》，中華書局一九六三年十二月。
二　［梁］蕭統編［唐］李善注：《文選》，上海古籍出版社一九八六年八月。
三　［清］王念孫：《廣雅疏證》，中華書局一九八三年五月。
四　［清］王先謙：《韓非子集解》，中華書局一九九八年七月。
五　［清］阮元校刻：《十三經注疏》，中華書局一九八〇年九月。
六　陳劍：《甲骨金文舊釋「尢」之字及相關諸字新釋》，《北京大學中國古文獻研究中心集刊》第四輯，北京大學出版社二〇〇四年十月，七四～九四頁。
七　陳偉：《〈語叢〉一、三中有關「禮」的幾條簡文》，《郭店楚簡國際學術研討會論文集》，湖北人民出版社二〇〇〇年五月，一四三～一四八頁。
八　何琳儀：《包山竹簡選釋》，《江漢考古》一九九三年第四期，五五～六三頁。
九　何琳儀：《戰國古文字典》，中華書局一九九八年九月。
一〇　河南省文物研究所：《信陽楚墓》，文物出版社一九八六年三月。
一一　湖北荆沙鐵路考古隊：《包山楚墓》，文物出版社一九九一年十月。
一二　湖北省博物館編：《曾侯乙墓》，文物出版社一九八九年七月。
一三　湖北省荆州地區博物館：《江陵馬山一號楚墓》，文物出版社一九八五年二月。
一四　湖北省文物考古研究所：《江陵望山沙冢楚墓》，文物出版社一九九六年四月。
一五　湖北省文物考古研究所、北京大學中文系：《望山楚簡》，中華書局一九九五年六月。
一六　黄德寬、徐在國主編：《安徽大學藏戰國竹簡（一）》，中西書局二〇一九年八月。
一七　黄錫全：《汗簡注釋》，武漢大學出版社一九九〇年八月。
一八　荆州地區博物館：《湖北江陵藤店一號墓發掘簡報》，《文物》一九七三年第九期，七～一七頁。
一九　劉國勝：《楚喪葬簡牘集釋》，科學出版社二〇一一年十一月。
二〇　李家浩：《安徽大學漢語言文字研究叢書・李家浩卷》，安徽大學出版社二〇一三年五月。

二一 李零：《郭店楚簡校讀記（增訂本）》，北京大學出版社二〇〇二年三月。
二二 李天虹：《〈包山楚簡〉釋文補正》，《江漢考古》一九九三年第三期，八四～八九頁。
二三 李天虹：《釋楚簡文字「廈」》，《華學》第四輯，紫禁城出版社二〇〇〇年八月，八五～八七頁。
二四 劉信芳：《包山楚簡解詁》，［臺北］藝文印書館二〇〇三年一月。
二五 李學勤：《試解郭店簡讀「文」之字》，山東省儒學研究基地、曲阜師範大學孔子文化學院編：《孔子·儒學研究文叢（一）》，齊魯書社二〇〇一年六月，一一七～一二〇頁。
二六 彭浩：《望山二號墓遣册的「緽」與「昜馬」》，《江漢考古》二〇一二年第三期，一二一～一二三頁。
二七 湯餘惠：《包山楚簡讀後記》，《考古與文物》一九九三年第二期，六九～七九頁。
二八 田河：《出土戰國遣册所記名物分類匯釋》，吉林大學博士學位論文二〇〇七年六月。
二九 張富海：《北大中國古文獻研究中心「郭店楚簡研究」項目新動態》，《國際簡帛研究通訊》第五期，二〇〇〇年十月。
三〇 中國科學院考古研究所、湖南省博物館：《長沙馬王堆一號漢墓》，文物出版社一九七三年十月。
三一 諸祖耿：《戰國策集注匯考（增補本）》，鳳凰出版社二〇〇八年十二月。

拍馬山楚墓竹簡

一 ［西漢］司馬遷：《史記》，點校本二十四史修訂本，中華書局二〇一四年八月。
二 ［東漢］班固：《漢書》，中華書局一九六二年六月。
三 ［南朝宋］范曄：《後漢書》，中華書局一九六五年五月。
四 ［梁］顧野王：《大廣益會玉篇》，中華書局一九八七年七月。
五 ［梁］蕭統編 ［唐］李善注：《文選》，上海古籍出版社一九八六年八月。
六 ［唐］陸德明：《經典釋文》，中華書局一九八三年九月。
七 ［清］段玉裁：《說文解字注》，上海古籍出版社一九八一年十月。

八　〔清〕郝懿行：《爾雅義疏》，中國書店一九八二年九月。
九　〔清〕孫詒讓：《周禮正義》，中華書局一九八七年十二月。
一〇　〔清〕王念孫：《廣雅疏證》，中華書局一九八三年五月。
一一　〔清〕王先謙：《荀子集解》，中華書局一九八八年九月。
一二　〔清〕阮元校刻：《十三經注疏》，中華書局一九八〇年九月。
一三　白於藍：《曾侯乙墓竹簡中的「鹵」和「櫓」》，〔臺北〕藝文印書館：《中國文字》新廿九期，二〇〇三年十二月，一九三～二〇八頁。
一四　陳偉：《葛陵楚簡所見的卜筮與禱祠》，《出土文獻研究》第六輯，上海古籍出版社二〇〇四年十二月，三四～四二頁。
一五　高亨、董治安：《古字通假會典》，齊魯書社一九八九年七月。
一六　郭德維：《楚系墓葬研究》，湖北教育出版社一九九五年七月。
一七　何琳儀：《隨縣竹簡選釋》，《華學》第七輯，中山大學出版社二〇〇四年十二月，一一九～一二六頁。
一八　河南省文物考古研究所：《新蔡葛陵楚墓》，大象出版社二〇〇三年十月。
一九　湖北省博物館編：《曾侯乙墓》，文物出版社一九八九年七月。
二〇　湖北省荊沙鐵路考古隊：《包山楚簡》，文物出版社一九九一年十月。
二一　湖北省荊州地區博物館：《江陵馬山一號楚墓》，文物出版社一九八五年二月。
二二　湖北省文物考古研究所：《江陵九店東周墓》，科學出版社一九九五年七月。
二三　湖北省文物考古研究所、北京大學中文系編：《望山楚簡》，中華書局一九九五年六月。
二四　湖北省文物考古研究所：《江陵望山沙冢楚墓》，文物出版社一九九六年四月。
二五　湖北省文物考古研究所、雲夢縣博物館：《湖北雲夢睡虎地M77發掘簡報》，《江漢考古》二〇〇八年第四期，三一～三七頁。
二六　湖南省博物館、湖南省文物考古研究所編著：《長沙馬王堆二、三號漢墓》（第一卷田野考古發掘報告），文物出版社二〇〇四年七月。
二七　黃德寬、徐在國主編：《安徽大學藏戰國竹簡（一）》，中西書局二〇一九年八月。
二八　黃錫全：《湖北出土商周文字輯證》，武漢大學出版社一九九二年十月。
二九　荊門市博物館：《郭店楚墓竹簡》，文物出版社一九九八年五月。

三〇　李家浩：《著名中年語言學家自選集・李家浩卷》，安徽教育出版社二〇〇二年十二月。
三一　李家浩：《安徽大學漢語言文字研究叢書・李家浩卷》，安徽大學出版社二〇一三年五月。
三二　黎翔鳳：《管子校注》，中華書局二〇〇四年六月。
三三　劉國勝：《楚喪葬簡牘集釋》，科學出版社二〇一一年十一月。
三四　劉信芳：《包山楚簡解詁》，［臺北］藝文印書館二〇〇三年一月。
三五　馬承源主編：《上海博物館藏戰國楚竹書（二）》，上海古籍出版社二〇〇二年十二月。
三六　馬承源主編：《上海博物館藏戰國楚竹書（三）》，上海古籍出版社二〇〇三年十二月。
三七　彭浩：《讀雲夢睡虎地M77漢簡〈葬律〉》，《江漢考古》二〇〇九年第四期，一三〇～一三四頁。
三八　彭浩：《談曾侯乙墓竹簡的「扂」》，《簡帛》第十輯，上海古籍出版社二〇一五年五月，一一～一七頁。
三九　李學勤主編：《清華大學藏戰國竹簡（壹）》，中西書局二〇一〇年十二月。
四〇　孫星衍：《尚書今古文注疏》，中華書局一九八六年十二月。
四一　湯餘惠：《包山楚簡讀後記》，《考古與文物》一九九三年第二期，六九～七九頁。
四二　滕壬生：《楚系簡帛文字編（增訂本）》，湖北教育出版社二〇〇八年十月。
四三　蕭聖中：《曾侯乙墓竹簡釋文補正暨車馬制度研究》，科學出版社二〇一一年七月。
四四　徐在國：《新蔡葛陵楚簡札記》，《中國文字研究》第五輯，廣西教育出版社二〇〇四年十一月，一五五～一五六頁。

安崗楚墓竹簡

一　白於藍：《包山楚簡補釋》，《中國文字》新二十七期，［臺北］藝文印書館二〇〇一年十二月，一五五～一六二頁。
二　白於藍：《曾侯乙墓竹簡考釋（四篇）》，《中國文字》新三十期，［臺北］藝文印書館二〇〇五年十一月，一九三～二〇二頁。
三　白於藍編著：《戰國秦漢簡帛古書通假字彙纂》，福建人民出版社二〇一二年五月。
四　陳偉：《包山楚簡初探》，武漢大學出版社一九九六年八月。

五　陳偉等著：《楚地出土戰國簡册〔十四種〕》，經濟科學出版社二〇〇九年九月。
六　陳偉、彭浩主編：《楚地出土戰國簡册合集（一）》，文物出版社二〇一一年十一月。
七　陳偉、彭浩主編：《楚地出土戰國簡册合集（二）》，文物出版社二〇一三年一月。
八　陳偉武：《説「貘」及其柜騼諸字》，《古文字研究》第二十五輯，中華書局二〇〇四年十月，二五一～二五五頁。
九　董珊：《信陽楚墓遣策所記的陶壺和木壺》，《簡帛》第三輯，上海古籍出版社二〇〇八年十月，二九～三九頁。
一〇　范常喜：《望山楚簡遣册所記「彤关」新釋》，《江漢考古》二〇一八年第二期，一一五～一二二頁。
一一　范常喜：《安崗一號楚墓遣册所記弋射工具考》，《文史》二〇二三年第二輯，二五五～二六六頁。
一二　范常喜：《老河口安崗楚墓遣册札記三則》，《簡帛》第二十六輯，上海古籍出版社二〇二三年五月，八一～九一頁。
一三　河南省文物研究所：《信陽楚墓》，文物出版社一九八六年三月。
一四　湖北省博物館：《曾侯乙墓》，文物出版社一九八九年七月。
一五　湖北省荆沙鐵路考古隊：《包山楚墓》，文物出版社一九九一年十月。
一六　湖北省荆州博物館：《荆州天星觀二號楚墓》，文物出版社二〇〇三年九月。
一七　湖北省荆州地區博物館：《江陵天星觀一號楚墓》，《考古學報》一九八二年第一期，七一～一一六頁。
一八　湖北省荆州地區博物館：《江陵馬山一號楚墓》，文物出版社一九八五年二月。
一九　湖北省文物考古研究所：《江陵望山沙冢楚墓》，文物出版社一九九六年四月。
二〇　湖南省博物館、湖南省文物考古研究所：《長沙馬王堆一號漢墓》，文物出版社一九七三年十月。
二一　湖南省博物館、湖南省文物考古研究所：《長沙馬王堆二、三號漢墓》，文物出版社二〇〇四年七月。
二二　湖南省博物館、湖南省文物考古研究所、長沙市博物館、長沙市文物考古研究所：《長沙楚墓》，文物出版社二〇〇〇年一月。
二三　胡雅麗：《包山二號楚墓遣策初步研究》，《包山楚墓》附録十九，文物出版社一九九一年十月，五〇八～五二〇頁。
二四　黄德寬、徐在國：《郭店楚簡文字考釋》，《吉林大學古籍整理研究所建所十五周年紀念文集》，吉林大學出版社一九九八年十二月，九八～一一一頁。
二五　黄錫全：《〈包山楚簡〉部分釋文校釋》，《湖北出土商周文字輯證》，武漢大學出版社一九九二年十月，一八七～一九六頁。
二六　黄錫全：《試説楚國黄金貨幣稱量單位「半鎰」》，《江漢考古》二〇〇〇年第一期，五六～六二頁。

二七 荊門市博物館：《郭店楚墓竹簡》，文物出版社一九九八年五月。
二八 李家浩：《包山楚簡研究（五篇）》，「第二屆國際中國古文字學研討會」論文，香港中文大學中國語言及文學系，一九九三年十月。
二九 李家浩：《包山二六六號簡所記木器研究》，《國學研究》第二卷，北京大學出版社一九九四年七月，五二五～五五四頁；《著名中年語言學家自選集・李家浩卷》，安徽教育出版社二〇〇二年十二月，二二二～二五七頁。
三〇 李家浩：《包山楚簡中的旌旆及其他》，《第二屆國際中國古文字學研討會論文集續編》，問學社有限公司一九九五年九月，三七五～三九二頁；《著名中年語言學家自選集・李家浩卷》，安徽教育出版社二〇〇二年十二月，二五八～二七一頁。
三一 李家浩：《包山楚簡中的「枳」》，《徐中舒先生百年誕辰紀念文集》，巴蜀書社一九九八年十月，一七三～一七五頁；《著名中年語言學家自選集・李家浩卷》，安徽教育出版社二〇〇二年十二月，二八九～二九四頁。
三二 李家浩：《包山遣册考釋（四篇）》，《古籍整理研究學刊》二〇〇三年第五期，一～八頁。
三三 李家浩：《槓枳、竹枳、枳銘》，《出土文獻研究》第十二輯，中西書局二〇一三年十二月，一〇～一五頁。
三四 李家浩：《戰國文字中的「宦」字》，《出土文獻與古文字研究》第六輯，上海古籍出版社二〇一五年二月，二四五～二七六頁。
三五 李美娟：《楚系文字考釋專題》，復旦大學博士學位論文二〇二四年五月。
三六 李守奎：《楚文字編》，華東師範大學出版社二〇〇三年十二月。
三七 李天虹：《〈包山楚簡〉釋文補正》，《江漢考古》一九九三年第三期，八四～八九頁。
三八 李學勤：《楚簡所見黄金貨幣及其計量》，《中國錢幣論文集》第四輯，中國金融出版社二〇〇二年九月，六一～六四頁。
三九 李學勤主編：《清華大學藏戰國竹簡（壹）》，中西書局二〇一〇年十二月。
四〇 劉剛：《釋戰國文字中的「虘（觶）」及相關之字》，《第二屆古文字與出土文獻青年學者西湖論壇論文集》，中國美術學院二〇二三年五月，二〇三～二〇七頁。
四一 劉國勝：《曾侯乙墓E六一號漆箱漆書文字研究——附「瑟」考》，《第三屆國際中國古文字學研討會論文集》，問學社有限公司一九九七年十月，六九一～七一〇頁。
四二 劉國勝：《信陽長臺關楚簡〈遣策〉編聯二題》，《江漢考古》二〇〇一年第三期，六六～七〇頁。
四三 劉國勝：《楚簡文字中的「綉」和「緂」》，《江漢考古》二〇〇七年第四期，七六～八〇頁。

四四　劉國勝：《包山二號楚墓遣册研究二則》，《考古》二〇一〇年第九期，六六～七二頁。
四五　劉國勝：《楚喪葬簡牘集釋》，科學出版社二〇一一年十一月。
四六　劉信芳：《望山楚簡校讀記》，《簡帛研究》第三輯，廣西教育出版社一九九八年十二月，三五～三九頁。
四七　劉信芳：《包山楚簡解詁》，［臺北］藝文印書館二〇〇三年一月。
四八　劉信芳編著：《楚簡帛通假彙釋》，高等教育出版社二〇一一年二月。
四九　羅小華：《試論望山簡中的「彤幵」——兼論戰國簡册中的旗杆》，《出土文獻》第九輯，中西書局二〇一六年十月，一四五～一四九頁。
五〇　羅小華：《戰國簡册中的車馬器物及制度研究》，武漢大學出版社二〇一七年十二月。
五一　馬承源主編：《上海博物館藏戰國楚竹書（四）》，上海古籍出版社二〇〇四年十二月。
五二　馬承源主編：《上海博物館藏戰國楚竹書（七）》，上海古籍出版社二〇〇八年十二月。
五三　孟蓬生：《上博竹書（四）閒詁（續）》，簡帛研究網二〇〇五年三月六日。
五四　秦始皇兵馬俑博物館、陝西省考古研究所：《秦始皇陵銅車馬發掘報告》，文物出版社一九九八年七月。
五五　裘錫圭主編：《長沙馬王堆漢墓簡帛集成（陸）》，中華書局二〇一四年六月。
五六　商承祚編著：《戰國楚竹簡滙編》，齊魯書社一九九五年十一月。
五七　滕壬生：《楚系簡帛文字編（增訂本）》，湖北教育出版社二〇〇八年十月。
五八　田河：《出土戰國遣册所記名物分類滙釋》，吉林大學博士學位論文二〇〇七年四月。
五九　王谷：《老河口安崗楚簡文字補釋》，《簡帛》第二十三輯，上海古籍出版社二〇二一年十一月，一五三～一五八頁。
六〇　襄陽市博物館、老河口市博物館：《老河口安崗楚墓》，科學出版社二〇一八年十一月。
六一　蕭聖中：《曾侯乙墓竹簡釋文補正暨車馬制度研究》，科學出版社二〇一一年七月。
六二　趙平安：《夬的形義和它在楚簡中的用法——兼釋其他古文字資料中的夬字》，《第三届國際中國古文字學研討會論文集》，問學社有限公司一九九七年十月，七一一～七二三頁。
六三　趙平安：《釋「臽」及相關諸字——論兩周時代的職官「醓」》，《古文字研究》第二十四輯，中華書局二〇〇二年七月，二八二～二八五頁。
六四　趙平安：《戰國文字中的「宛」及其相關問題研究——以與縣有關的資料爲中心》，《第四届國際中國古文字學研討會論文集》，問學社有限公司二〇〇三年十月，五二九～五四〇頁。
六五 宗福邦、陳世鐃、蕭海波主編：《故訓滙纂》，商務印書館二〇〇三年七月。
六六 朱德熙、裘錫圭：《信陽楚簡考釋（五篇）》，《朱德熙古文字論集》，中華書局一九九五年二月，六二～七二頁。

丁家嘴楚墓竹簡

一 陳偉、彭浩主編：《楚地出土戰國簡册合集（一）》，文物出版社二〇一一年十一月。
二 陳偉、彭浩主編：《楚地出土戰國簡册合集（二）》，文物出版社二〇一三年一月。
三 陳偉：《包山楚簡初探》，武漢大學出版社一九九六年八月。
四 陳偉：《車輿名試説（二則）》，《古文字研究》第二十八輯，中華書局二〇一〇年十月，三八四～三八八頁。
五 陳偉：《新出楚簡研讀》，武漢大學出版社二〇一〇年十月。
六 陳偉：《楚人禱祠記録中的人鬼系統以及相關問題》，《古文字與古代史》第一輯，［臺北］中研院史語所二〇〇七年九月，三六三～三八九頁。
七 陳偉等著：《楚地出土戰國簡册［十四種］》，經濟科學出版社二〇〇九年九月。
八 董蓮池編著：《新金文編》，作家出版社二〇一一年十月。
九 高亨：《古字通假會典》，齊魯書社一九八九年七月。
一〇 顧炎武著、黄汝成集釋、欒保羣、吕宗力點校：《日知録集釋》，上海古籍出版社二〇一三年十月。
一一 郭靄春：《黄帝内經素問校注》，人民衛生出版社二〇一三年十一月。
一二 郭沫若：《石鼓文研究·詛楚文考釋》，科學出版社一九八二年十月。
一三 何琳儀：《戰國古文字典——戰國文字聲系》，中華書局一九九八年九月。
一四 河南省文物考古研究所：《新蔡葛陵楚墓》，大象出版社二〇〇三年十月。
一五 河南省文物研究所、河南省丹江庫區考古發掘隊、淅川縣博物館：《淅川下寺春秋楚墓》，文物出版社一九九一年十月。
一六 河南省文物研究所：《信陽楚墓》，文物出版社一九八六年三月。

一七　湖北省博物館編：《曾侯乙墓》，文物出版社一九八九年七月。
一八　湖北省荊沙鐵路考古隊：《包山楚墓》，文物出版社一九九一年十月。
一九　湖北省荊沙鐵路考古隊：《包山楚簡》，文物出版社一九九一年十月。
二〇　湖北省文物考古研究所、北京大學中文系：《九店楚簡》，中華書局二〇〇〇年五月。
二一　湖北省文物考古研究所、北京大學中文系：《望山楚簡》，中華書局一九九五年六月。
二二　湖北省文物考古研究所：《江陵望山沙塚楚墓》，文物出版社一九九六年四月。
二三　湖南省博物館、湖南省文物考古研究所：《長沙馬王堆二、三號漢墓》，文物出版社二〇〇四年七月。
二四　湖南省博物館、湖南省文物考古研究所、長沙市博物館、長沙市文物考古研究所：《長沙楚墓》，文物出版社二〇〇〇年一月。
二五　黃德寬：《古文字譜系疏證》，商務印書館二〇〇七年五月。
二六　荊門市博物館：《郭店楚墓竹簡》文物出版社一九九八年五月。
二七　李家浩：《包山遣册考釋（四篇）》，載《安徽大學漢語言文字研究叢書・李家浩卷》，安徽大學出版社二〇一三年五月，一二九～一四二頁。
二八　李家浩：《包山二六六號簡所記木器研究》，《國學研究》第二卷，北京大學出版社一九九四年七月，五二五～五五四頁；《著名中年語言學家自選集・李家浩卷》，安徽教育出版社二〇〇二年十二月，二二二～二五七頁。
二九　李家浩：《馬王堆漢墓帛書祝由方中的「由」》，《河北大學學報（哲學社會科學版）》二〇〇五年第一期，七三～七六頁。
三〇　李家浩：《信陽楚簡中的「柿枳」》，《簡帛研究》第二輯，法律出版社一九九六年九月，一～一一頁。
三一　李家浩：《仰天湖楚簡剩義》，《簡帛》第二輯，上海古籍出版社二〇〇七年十一月，三一～三八頁。
三二　李學勤主編：《清華大學藏戰國竹簡（捌）》，中西書局二〇一八年十一月。
三三　李永康：《武漢江夏丁家嘴發現戰國楚墓并出土竹簡》，《江漢考古》二〇〇九年第三期，一二八頁。
三四　劉彬徽：《楚系青銅器研究》，湖北教育出版社一九九五年七月。
三五　劉剛：《釋戰國文字中的「⿸虍肅（觶）」及相關之字》，《第二屆古文字與出土文獻青年學者西湖論壇論文集》，中國美術學院二〇二三年五月，二〇三～二〇七頁。
三六　劉國勝：《楚喪葬簡牘集釋》，科學出版社二〇一一年十一月。

三七　劉國勝：《楚簡文字中的「綉」和「緅」》，《江漢考古》二〇〇七年第四期，七六～八〇頁。
三八　劉信芳：《包山楚簡解詁》，［臺北］藝文印書館二〇〇三年一月。
三九　劉釗主編：《新甲骨文編（增訂本）》，福建人民出版社二〇一四年十二月。
四〇　羅小華：《戰國簡册中的車馬器物及制度研究》，武漢大學出版社二〇一七年十二月。
四一　馬承源主編：《上海博物館藏戰國楚竹書（一）》，上海古籍出版社二〇〇一年十一月。
四二　馬承源主編：《上海博物館藏戰國楚竹書（二）》，上海古籍出版社二〇〇二年十二月。
四三　馬承源主編：《上海博物館藏戰國楚竹書（四）》，上海古籍出版社二〇〇四年十二月。
四四　馬承源主編：《上海博物館藏戰國楚竹書（八）》，上海古籍出版社二〇一一年五月。
四五　裘錫圭主編：《長沙馬王堆漢墓簡帛集成（陸）》，中華書局二〇一四年六月。
四六　商承祚編著：《戰國楚竹簡匯編》，齊魯書社一九九五年十一月。
四七　睡虎地秦墓竹簡整理小組編：《睡虎地秦墓竹簡》，文物出版社一九九〇年九月。
四八　宋華强：《葛陵簡舊釋「柰」之字新考》，《簡帛》第十五輯，上海古籍出版社二〇一七年十一月，一～七頁。
四九　宋華强：《新蔡葛陵楚簡初探》，武漢大學出版社二〇一〇年十月。
五〇　蘇輿撰，鍾哲點校：《春秋繁露義證》，中華書局一九九二年十二月。
五一　滕壬生：《楚系簡帛文字編（增訂本）》，湖北教育出版社二〇〇八年十月。
五二　田河：《出土戰國遣册所記名物分類匯釋》，吉林大學博士學位論文，二〇〇七年六月。
五三　王恩田編著：《陶文字典》，齊魯書社二〇〇七年一月。
五四　王國維：《戩壽堂所藏殷虚文字考釋》，收入《甲骨文獻集成》第一册，四川大學出版社二〇〇一年四月。
五五　吴良寶：《先秦貨幣文字編》，福建人民出版社二〇〇六年三月。
五六　吴鎮烽：《商周青銅器銘文暨圖像集成》，上海古籍出版社二〇一二年九月。
五七　武漢市文物考古研究所、武漢大學歷史學院簡帛研究中心：《湖北武漢丁家嘴M1、M2出土戰國竹簡》，《文物》二〇一五年第六期，四九～五一頁。
五八　蕭聖中：《曾侯乙墓竹簡釋文補正暨車馬制度研究》，科學出版社二〇一一年七月。

五九　晏昌貴：《巫鬼與淫祀——楚簡所見方術宗教考》，武漢大學出版社二〇一〇年十月。
六〇　張昌平：《襄陽縣新發現一件銅盞》，《江漢考古》一九九三年第三期，四二～四三頁。
六一　中國社會科學院考古研究所編：《殷周金文集成》，中華書局一九八四年八月。
六二　朱德熙：《說「屯（純）、鎮、衠」》，《中國語文》一九八八年第三期，一六一～一六八頁；又載《朱德熙古文字論集》，中華書局一九九五年二月，一七三～一八四頁。
六三　朱德熙、裘錫圭：《信陽楚簡考釋（五篇）》，《考古學報》一九七三年第一期，一二一～一二九頁；又載《朱德熙古文字論集》，中華書局一九九五年二月，六二～七二頁。
六四　朱曉雪：《包山楚簡綜述》，福建人民出版社二〇一三年十二月。

後記

項目成果即將付梓，除去序言外，感覺還有許多想說的話。項目組成員主要來自我供職的武漢大學簡帛研究中心，我也最熟悉他們，這裡暫且信馬由韁，寫下我對他們的點滴印象。

說起來跟陳偉老師頗有淵源，二〇〇〇年入職武大，學院層面是他力主的。簡帛中心成立至今的發展，都是在他的主持下運作、取得的。個人感覺他的工作特點是善長籌劃，親力親爲；一視同仁，尤其重視青年教師的成長。在簡帛學乃至古文字學界，簡帛中心大概是最早利用紅外攝像技術的高校機構，并開發有楚簡字形辭例數據庫，這跟陳老師專業級電腦水平和靈敏的學術觸覺息息相關。陳老師應該是最早且善於利用電子資料的同行之一。剛到武大工作的時候，缺什麼資料尤其電子資料就找他索要，沒有多少顧慮，而記憶裡沒有一次「走空」。他應該有過無奈甚至煩惱吧，數次聽他跟同行笑談我的行爲，說他成了資料庫。後來漸漸地他越來越忙，我也越來越「明事理」，學會自己動手或想別的辦法了。

爲增强簡帛中心負責的二〇〇三年度楚簡攻關項目的實施力度，二〇〇四年，在學校的支持下，彭浩老師作爲特聘研究員加盟簡帛中心。此後他與大家朝夕工作了整整十年。其間記不清多少次向他請益，并且形成習慣，直到現在依然如故。二〇一〇年底，他慨然應允陪我這個晚輩去北京京西賓館，助力項目申請答辯。以他的長者之風和睿智，在不經意間緩解了我的緊張情緒。那時可能因爲連續幾天沒有休息好，整個人有些暈頭轉向。在京西賓館大廳以及就餐的餐館，我兩次遺落水杯等隨身物品。都是彭老師留意到并收拾「殘局」。他把「失物」交給我的時候，兩個人都不禁笑了。曾說過項目申請成功，要請他喝酒。現在都結項了，還沒有兑現承諾。

跟劉國勝老師大致屬於同齡人，平時的溝通更顯隨意。大概簡帛中心的學生都認爲劉老師爲人隨和，易接近，特別對於前些年畢業的研究生來說類似於「知心大哥哥」。在出土喪葬文書的整理與研究上，他功力深厚，因此項目實施期間與他的交流尤其多，嚴倉遺册的釋文注釋初稿蒙他審讀一遍，提出不少寶貴意見。可能跟性格有關，劉老師本來有一個「毛病」，回復電子郵件拖沓，經常數天不見回音，如我性格急躁者，就會直接電話催問。可是近一兩年來，具體什麼時候不知道，仿佛冷不丁地，郵件回復往往及時且細緻，簡直讓人有些不適應。已經數次跟其他老師發過感慨，但還沒有直接問過劉老師，究竟咋回事呢。

簡帛中心其他老師都比較年輕，跟我有年齡差。宋華强老師讀書很多，有令人羡慕的漢語言學功底，也是我時時請益的對象。嚴倉卜筮祭禱記録的釋文注釋初稿蒙他審讀一遍，惠予良多。何有祖、魯家亮博士是我從教以來教過的第一届碩士研究生。有祖對解析古文字字形和綴合殘簡、復原簡序有一種天賦靈性和嗜好，項目組歷次研討會，辨析疑難字形時他最是興致勃勃。家亮對交待給他的無論是分内或分外的工作都極其認真負責，不避困難和繁瑣，令人感動。

李静年齡最小，主要在簡帛中心辦公室工作，漸漸成長爲中心管家，同時在業務上也頗有長進。在中心每次見到她，都是笑眯眯的模樣。項目日常後勤事務主要由她打理，我省心頗多，但帶給她的麻煩實在不少。郭華老師應中心所聘，負責管理中心資料室和閲覽室。對工作認真負責，常常早來晚走。對學生友善有加，深受學生喜愛和信任。我有時請托郭老師處理電子資料，大都屬於應急情況，總是能得到及時反饋。人與人之間應該有氣場吧，郭老師跟中心的氣場是相當地契合。

走筆至此，心生感慨，置身這樣一個工作圈，何其幸哉。

李天虹

二〇一九年二月

補記：書稿於二〇一九年二月提交出版，之後相關出土資料和研究成果不斷公布。此次付印，利用新成果對原内容作了必要的個別調整。于夢欣博士協助校對第壹卷校樣，訂正疏誤，謹此致謝。

李天虹

二〇二三年十一月